林晖燕 编著

幼儿园情景式区域游戏
——从课程游戏化到游戏课程化

海峡出版发行集团 | 福建教育出版社

图书在版编目（CIP）数据

幼儿园情景式区域游戏：从课程游戏化到游戏课程化/林晖燕编著．－福州：福建教育出版社，2024.2
 ISBN 978-7-5334-9779-8

Ⅰ.①幼…　Ⅱ.①林…　Ⅲ.①游戏课－学前教育－教学研究　Ⅳ.①G613.7

中国国家版本馆CIP数据核字（2023）第208729号

You'eryuan Qingjingshi Quyu Youxi——Cong Kecheng Youxihua Dao Youxi Kechenghua
幼儿园情景式区域游戏——从课程游戏化到游戏课程化
林晖燕　编著

出版发行	福建教育出版社
	（福州市梦山路27号　邮编：350025　网址：www.fep.com.cn
	编辑部电话：0591-83726147　83786912
	发行部电话：0591-83721876　87115073　010-62024258）
出 版 人	江金辉
印　　刷	福建新华联合印务集团有限公司
	（福州市晋安区福兴大道42号　邮编：350014）
开　　本	710毫米×1000毫米　1/16
印　　张	11
字　　数	191千字
版　　次	2024年2月第1版　2024年2月第1次印刷
书　　号	ISBN 978-7-5334-9779-8
定　　价	45.00元

如发现本书印装质量问题，请向本社出版科（电话：0591-83726019）调换。

《幼儿园情景式区域游戏——从课程游戏化到游戏课程化》
编写人员名单

主要编写者：林晖燕

参与编写者：郭冰清　陈媛萍　傅新新　曾彩娜　王晖霞　卢柏灵
　　　　　　吕彬彬　邱雪娥　陈　珑　陈翠婷　林明雅　林艳艳
　　　　　　胡静芳　洪丹峰　洪珊珊　姚凯丽　唐莉莉　蓝少邺

目录

前言 …………………………………… 1

小班

1. 开心农场 …………………………… 11
2. 童话城堡 …………………………… 21
3. 密室寻宝 …………………………… 36
4. 角色体验馆 ………………………… 45
5. 小小育婴坊 ………………………… 54
6. 米奇餐厅 …………………………… 66

中班

7. 家政公司 …………………………… 79
8. 乐购超市 …………………………… 91
9. 甜品小站 …………………………… 101

大班

10. 游乐园 ……………………………… 115
11. 毕业典礼秀 ………………………… 131
12. 城市快播 …………………………… 150
13. 足球联赛 …………………………… 159

前　言

一、课程背景

幼儿园区域游戏是幼儿通过游戏进行自主学习的一种课程模式，其自主、开放的活动形态让幼儿在自发的区域游戏中可以自主地决定玩什么、怎么玩、什么时候玩、在哪里玩，以及什么时候不玩，等等。"放手"是把游戏的自主权真正还给了幼儿，但由于部分教师对自主游戏的片面理解，将"放手"等同于"放羊"，出现了放任化现象，幼儿在区域游戏中往往简单重复已有经验，区域活动中的游戏、课程、学习、发展的关系被割裂。

游戏放任化现象引发我们对游戏与课程关系诸多问题的思考：如何处理游戏、课程、学习以及儿童发展之间的关系？我们的教育出发点和落脚点是游戏还是课程？游戏和课程，谁是手段，谁是目的？在区域游戏中如何让幼儿既能体验游戏的乐趣，又能在游戏中获得学习和发展？困顿中，华东师范大学王振宇教授的"游戏课程化"理论跃入我们的视野，为我们指引了一条正确处理游戏、课程、学习，以及儿童发展关系的新路径，启迪我们以统一论来重识区域游戏中游戏与课程、游戏与学习的关系，明确区域游戏中的游戏和学习应是相辅相成且能够相互转化的，游戏与课程应该是互生互长的。基于此，我们从幼儿的生活经验出发，谋求基于幼儿学习与发展特点实现游戏和区域课程的整合，建构以儿童为中心的"情景式区域游戏"课程新模式。

二、情景式区域游戏的内涵与特点

（一）内涵

情景式区域游戏将幼儿生活、游戏与区域活动有机融合，以游戏为课程的生长源，充分挖掘游戏的课程资源，为幼儿设计和提供学习内容广泛且均衡的区域游戏课程，实现了游戏与课程的互生互长，实现了游戏与学习的相互转化，实现了游戏与发展的协同统一。

（二）特点

1. 游戏性。

情景式区域游戏顺应幼儿的天性，将自由、自主、愉悦和创造的游戏精神还原到区域游戏中，以游戏为基本形式，将外在的学习与发展目标转化成幼儿内在的游戏动机。幼儿依托于一个个角色自主开展各种情景游戏，积极主动地与环境材料互动，在游戏中挥洒天性、释放潜能，自主快乐地进行玩中学，学中玩。

2. 生活性。

虞永平教授说过，生活即课程，课程就在儿童的生活中，就在儿童的行动里。情景式区域游戏将幼儿生活、游戏与区域活动有机融合，从幼儿的生活中取材，将活动区创设成一个个幼儿喜闻乐见的生活情境，充分挖掘这些生活情境中丰富的课程资源，对其潜在的教育价值进行深入地挖掘和辨析，并将之以游戏的形态融入玩法中。幼儿在游戏中演绎、重组、改造已有生活经验，并在原有经验的基础上建构更加丰富多元的新经验。

按生活链接的不同，教师经常把情景式区域游戏划分为四大类：

一是生活情境类，如游乐园、寻宝屋、烧烤店、影院、快递公司、旅行社、角色体验馆等；

二是电视综艺节目类，如酷酷小童星、开门有礼等；

三是网络游戏类，如愤怒的小鸟、泡泡龙等；

四是动画情景类，如喜羊羊之家、太空之城、恐龙世界、森林王国等。

情景游戏贴近幼儿生活，其中蕴含着丰富的潜在教育资源，隐藏着无限学习与发展的可能性，涵盖了多领域的教育价值。如：在中班数学区创设"乐购超市"情景游戏，幼儿依托外卖配送员的角色进行游戏，他们给商品进行分类—填写进货单—根据购物单上的信息配货—运用加减运算经验推算出收件人的电话号码并打电话联系收货人—根据购物单上的房间号运用序数经验送货。这一系列配送员工作程序涵盖了丰富的数学经验。

3. 适宜性。

适宜性是幼儿园教育的重要原则。《幼儿园教育指导纲要》指出，教育活动内容的选择既要适合幼儿的现有水平，又要有一定的挑战性。难度过高或过低的教育内容都难以让幼儿在活动中获得成功体验。只有与幼儿的经验、能力水平相适应的、符合幼儿最近发展区的活动内容，才能够激发幼儿在区域游戏中持续探索的不竭动力。

教师在处理游戏与课程关系时强调遵循适宜性原则，在充分挖掘每一个情景游戏课程资源的同时，更对其与幼儿学习能力水平的适宜性进行深入思考和分析：不同年龄段幼儿在各领域的现有能力水平是什么？他们跳一跳能够够得着的最近发展区又是什么？哪些学习内容适宜隐藏到游戏玩法中，既能让幼儿在情景游戏中自然、愉快、轻松习得，又能在一定程度上激发幼儿自我挑战，生发新的游戏？适宜的内容、适宜的目标、适宜的玩法、适宜的材料为幼儿在情景式区域游戏中的自主学习注入源源不断的活力。

4. 发展性。

情景式区域游戏强调游戏与课程的互生互长，游戏与学习的相互转化，游戏与发展的协同统一。游戏是课程的生成源，教师从幼儿喜爱的游戏中挖掘课程资源，生成情景式区域游戏内容，并追随幼儿的游戏进程，以幼儿的兴趣、经验、问题为导向，助推新的游戏生成、生发、生长。游戏的过程呈现的是幼儿探索与思维的路径，学习与发展的轨迹。例如：在大班情景式区域游戏"毕业典礼秀"中，孩子们在拍摄毕业照时自发地热议起毕业典礼，萌生了策划、筹备一场属于他们自己的毕业典礼的想法。教师与孩子们共同创设情境，筹备材料，商讨玩法，从节目策划排练—设计舞台—研发灯光舞美—制作演出服饰—设置观众席等，策划了一系列活动。游戏开展了一个阶段后，源于演员们想要一张用于化妆的化妆台的新需要，他们又生发出制作化妆台的新游戏，尝试运用彩绘、涂染、撕贴、喷涂、印染等多种美工手法进行创作，满足了演员们的游戏需要。随着活动的发展，演员组对化妆台的需求升级了，他们觉得每天搬动化妆台太费力，想要一张可以移动的化妆台，由此又拓展出"让化妆台动起来"的探究点。孩子们不断生发的新问题、新需要成为情景式区域游戏源源不断的课程生长点，由此生长出一个个新的游戏，由此及彼，由艺术领域跨越到科学领域等。在这一动态发展进程中，幼儿逐渐建构了丰富多元的艺术创作经验和科学探究经验，获得了自主学习方法，养成了积极主动、认真专注、敢于探究和尝试、乐于想象和创造、独立发现问题和解决问题等终身学习与发展所必需的良好学习品质。

5. 整合性。

情景式区域游戏将幼儿生活、游戏与区域活动有机融合，从幼儿的生活中生成游戏情景。教师充分挖掘这些游戏情景中涵盖科学、语言、艺术、社会、健康等多领域的课程资源，打破区域的界限，不局限于传统区域的领域划分，以融合的理念为幼儿设计和提供学习内容广泛且均衡的区域游戏课程，让幼儿在游戏中获得整体性的发展。如：在小班生活区创设"角色体验馆"情景游戏，幼儿在游戏中调动对各种职场角色的认知，选择、搭配并学习穿戴不同角色的服饰进行装扮，自主匹配不同的工作场景进行角色工作体验。这一系列的游戏玩法中涵盖了穿脱衣服鞋袜等自理能力的练习、对不同职业人员的服饰特点和工作场景的科学认知等，幼儿从中获得了多领域的能力发展。

三、情景式区域游戏中的"学"与"教"

情景式区域游戏既注重如何让儿童通过游戏来学，又关注教师如何通过游戏来教。在此理念下，情景式区域游戏中儿童与教师的关系及其角色定位发生了根本的转变。儿童成为区域游戏课程的中心，他们的学习与发展是教育的出发点和落脚点。教师遵循"以学定教"的原则，成为有智慧的支持者，观察、解析、支持与推动儿童游戏发展成为情景式区域游戏中教师的行动指南。

（一）情景式区域游戏中的儿童——课程的中心

1. 儿童是教育的出发点。一切从儿童出发去考虑学习与发展的问题。教师应关注儿童在区域游戏中喜欢什么，能做什么，能获得什么，能发展什么，从他们的兴趣点、关注点、生活经验点中去生成区域游戏内容，以儿童的问题为轴、经验为索，不断生发新的区域游戏内容。

2. 儿童是区域游戏的主人。区域游戏玩什么，怎么玩，都由儿童说了算。儿童是区域游戏内容的生发者、区域游戏环境的创设者、区域游戏材料的筹备者、操作探究的行动者和答疑解惑的自我指导者。

3. 儿童是区域游戏成果的共享者。打破活动区的界限，让区域游戏成果互通共享。如：美工区中的儿童为表演区设计舞台背景，制作表演道具，生活区中的儿童为表演区缝制表演服装等，让各区的儿童在操作成果的互通共享中感受自己活动的意义和价值，获得成功体验，增强自我认同。

（二）情景式区域游戏中的教师——有智慧的支持者

促进儿童发展是课程的核心目标，也是情景式区域游戏的目标。情景式区域游戏通过游戏生发课程，通过课程促进儿童的学习与发展。因此，教师既要研究如何让儿童通过游戏来学，更要研究如何通过游戏来教，确保游戏能够隐含课程框架，为儿童提供高质量、有目的的游戏和有价值的活动。这就要求教师能敏锐观察、准确分析儿童的游戏，辨析并把握游戏生长点生发课程，灵活运用多样的指导策略适时适度地指导儿童的游戏，富有智慧地推动儿童游戏向深度发展，促进儿童经验的不断扩展和持续提升。

1. 用慧心去解读儿童。

读懂儿童是有效促进儿童发展的关键，需要教师有一颗慧心。教师的慧心重点在于其发展意识，有发展意识的教师善于运用教育的眼光去观察儿童在游戏中所表现出来的各种行为，解读儿童游戏行为所体现出的发展水平和发展需要，随时做出准确的分析和判断：孩子们在做什么？他们为什么这样做？孩子们当前有什么学习需要？当前活动的难度是否适合孩子们的学习能力？什么样的学习在这其中发生了？孩子们在下一步可能有哪些需要？准确的解读、分析和判断能使教师在游戏中的指导更加契合儿童的学习发展需要，为教师介入指导游戏提供客观有力的依据。

2. 用慧眼去发现课程。

有智慧的引导和推动要求教师有一双慧眼。教师的慧眼重点在于其课程意识，有课程意识的教师善于从儿童游戏中去发现课程价值。情景式区域游戏中，教师首先要借助慧眼，对每一个生活情景中潜在的课程价值进行多角度地辨析、多层次地挖掘，并筛选与儿童学习能力水平相适宜的内容，以游戏的形态隐藏到游戏情景、游戏材料和游戏玩法中，让儿童在自主愉悦的游戏中自然习得方法，获取经验。其次，教师要追随儿童，随时能敏锐地从儿童的游戏信息中捕捉到有价值的学习契机，发现潜在的教育价值，生发新的游戏，从而促进儿童在游戏中的学习不断深入，促进其经验不断丰富扩展和提升。

3. 用"慧策"去推动发展。

在情景式区域游戏课程中，教师分饰着多重角色，针对儿童不断出现的新问题、新需要，把握适宜的介入指导时机，富有智慧地引导和推动儿童游戏的发展。

（1）当儿童问题的"狙击手"，消除认知障碍。

当儿童在游戏中出现学习障碍或学习困难时，教师基于分析和判断，瞄准问题焦点，灵活采用问题启发、信息支持、同伴讨论等多样化策略，逐个突破，引发儿童积极的思维活动，启发儿童查找问题原因，思考解决方法，帮助儿童消除障碍，排滞清堵，从而推动儿童游戏不断深入开展。

（2）当儿童游戏的"助产士"，推动游戏发展。

当儿童游戏出现创新点、生成点时，教师基于对其潜在课程价值的辨析，准确把握课程生长点，借助环境创设、材料提供、问题启发、家长助力、信息媒介等多样策略，为儿童搭建深度学习的隐性支架，以一种响应的、支持的方式富有智慧地推动新游戏的生成，推进儿童在游戏中的学习不断深化，助力儿童游戏从低水平游戏向高水平游戏发展。

四、情景式区域游戏课程的实施

情景式区域游戏既是区域活动课程的内容，又是目的和手段。情景式区域游戏课程由师幼共同动态建构，实施路径从游戏情境的生成生发，到游戏的繁衍生长，分为四个层层深入的步骤：情景为壳，课程为核，观察解析，动态推进。

1. 情景为壳——寻找情景游戏的生成点。

这一环节分为几个实施步骤：

一是教师从幼儿的兴趣点、关注点、生活经验出发，在活动区中生成幼儿喜闻乐见的区域游戏情景，让幼儿乐玩；

二是教师发动幼儿围绕生活情境，通过网络查询、实地观察、咨询访问等方式开展调查活动，引发并丰富幼儿的生活经验，让幼儿会玩；

三是师幼共同讨论策划游戏玩法，鼓励孩子们基于生活经验提出多种玩法设想，制订游戏玩法流程图示，让幼儿拓展玩法；

四是发动幼儿及家长共同搜集材料，师生共同创设游戏情境。

2. 课程为核——寻找游戏的课程植入点。

教师对游戏情境中潜在的课程价值进行深入挖掘，对本班幼儿的现有能力水平和最近发展区进行深入分析，择取与幼儿能力水平相适宜的学习内容，植入到游戏的环境、材料和玩法中，为幼儿设计有意义的、有价值的游戏活动，让幼儿在快乐游戏的同时建构有益经验，获得发展。如小班科学区"密室寻宝"游戏，教师将课程隐性植入游戏环境和游戏材料中：在密室中设置森林情境，其中有高高的树，树上有树洞，树下有沙地，树旁有水沟，再将大小不同、材质不同、颜色不同、形状不同的各种宝物挂到树枝上，藏进树洞里、沙地里、水沟里，并投放了大小长短不同的夹子、铲子、刨子、钩子、叉子、筷子，以及放大镜、手电筒（不装电池）、黏纸、磁铁等，让幼儿猜测藏匿宝物的地点，选择适宜的工具寻宝。幼儿在寻宝的游戏中学会判断物体的大小、长短、深浅、高低；探索各种工具的使用方法，学习正确安装电池，让手电筒亮起来；学会使用放大镜找寻细小的物体；体验用磁铁在沙中取宝、用钩子在水沟取宝的便捷性；迁移绘本《小狗的白皮球》的故事经验，用灌水的方法让树洞里的球浮起来等。隐藏的课程无痕地植入到游戏中，化教于无形，化学于无痕，让情景游戏在实现娱乐功能的同时实现了教育功能，破解了区域游戏中处理游戏、课程、学习与发展关系的难题，实现了区域游戏中游戏和学习的相互转化，游戏与课程的互生互长，游戏与发展的协同统一。

3. 观察解析——寻找游戏的课程生长点。

幼儿在各种情景游戏中，依托一定的游戏角色，自由自主地操作探索，与同伴积极互动，玩中学，学中玩。教师追随、观察幼儿，对幼儿的游戏行为进行分析与解读，诊断幼儿在游戏中遇到的问题，了解幼儿的学习障碍，判断幼儿的学习需求，对幼儿游戏中不断出现的新问题、新发现、新需要、新思考所蕴含的学习与发展的可能性进行辨析，从中寻找新的游戏课程生长点。

4. 动态推进——助推游戏的生长。

教师基于对幼儿游戏的观察与解读，借助环境支持、材料支持、问题启发、家长资源、同伴资源、信息媒介等支持性策略，为幼儿搭建隐性学习支架，推动区域游戏向纵向深度拓展或横向跨区拓展，助推新游戏的动态生成、生发、生长。

以大班的"足球联赛"情景游戏为例。随着游戏的开展，孩子们生发出"研发足球游戏玩具"的新想法。教师捕捉到这一游戏的生长点，引导孩子们调动起已有的生活经验设计好玩的足球游戏玩具。孩子们利用各种材料组合重装，研发出"斜坡射门机""足球游戏棋"等足球游戏玩具，一起自创足球游戏棋，将足球球赛规则融入游戏玩法中，让足球游戏更有挑战性、更有趣。当作品完成、投入使用时，孩子们感受到自己创作的价值，收获了自信心和成就感。

小班的"育婴坊"情景游戏中，孩子们遇到了难题："水脏了该怎么办？"教师敏锐地捕捉到这一问题中潜在的学习契机，在生活区中纵向拓展出"处理脏水小妙招"游戏，及时增添了大小不同的锅、盆、杯、碗、勺等工具材料，支持幼儿利用各种材料探索解决问题：有的孩子用快餐盒来舀水，有的用勺子舀水……经过一番尝试，他们总结出了最快速的方法：当水很多时，用锅、盆等大的容器来舀水；当水比较少时，用勺子、杯子等小的容器来舀水；最后剩下的水比较少，舀不起来时，可以用毛巾吸干。孩子们在游戏中不断生发的新问题、新思考成为游戏的生长点，在教师富有智慧的支持推动下，区域游戏不断地生发、拓展，幼儿从中不仅建构了涵盖生活技能、科学探究、艺术表现、社会交往等多领域的丰富经验，更获得了学习能力、探究能力、解决问题能力的发展。

五、情景式区域游戏课程对幼儿学习与发展的意义

情景式区域游戏课程的构建与实施促使孩子们在学习态度和学习能力上发生

巨大转变。他们在游戏中乐于学习，善于思考，好学好问，积极探索，不但自主建构了丰富多元的有益经验，更在学习能力上有了质的飞跃。他们学会了学习、生活，学会了交往、探究，学会了制订计划，学会了分工合作和解决困难。这些良好的学习品质和能力的获得将有益于他们的长远发展，甚至是终身发展。

林晖燕

小 班

1. 开心农场

适用对象：小班

一、情景生成

家长们经常利用周末时间带孩子们到郊外农场亲近大自然，采摘水果。孩子们获得了丰富的生活经验，农场采摘就常常成为孩子们聊天的热点话题。于是，教师和孩子们一起讨论农场的情景创设，一起搜集材料，一个寓教于乐的"开心农场"游戏应孩子们的兴趣就诞生了。

二、调查访问

农场里有什么好玩的游戏？

幼1：我和爸爸查到农场里有射箭场和马场，有很多好玩的。

幼2：太巧了！我和妈妈查到农场里面还有好玩的卡丁车。

幼3：我和妈妈在手机上查到农场里面有大池塘，可以钓鱼。

幼4：我和爸爸搜索到的这家农场种了好多水果：草莓、葡萄、荔枝、杨梅、芦柑……一年四季都有水果，可以尽情地采摘。

幼5：我查到的这家农场可以露营、烧烤。

三、游戏策划

我们想这样玩

①把转盘转到数字几，就到几号摸箱领任务卡。

②准备多种采摘工具让大家选择。

③设计一个晒果干的地方。

④可以玩钓鱼游戏。

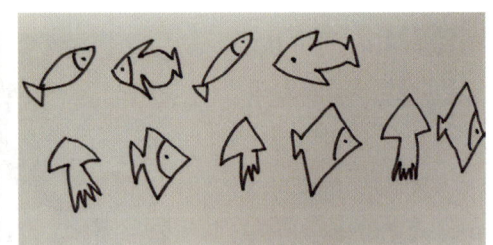

⑤还可以晒晒鱼儿。

四、游戏导航

情景游戏	玩法预设
快乐采摘	1.转动转盘领取任务卡。
	2.选取合适的工具。
	3.进入农场采摘。
	4.把采摘的果蔬存储到仓库。
快乐垂钓	1.转动转盘领取任务卡。
	2.根据垂钓任务选取合适的工具钓鱼。
	3.到晒鱼场晒鱼。

五、游戏实录

游戏一：快乐采摘

【关键经验】

1. 辨识常见水果蔬菜的名称、形状及其类别，了解不同果蔬的生长地点。
2. 比较用晾衣竿、钉耙等不同的采摘工具采摘的适宜性和便捷性。
3. 积累数、形、分类、点数对应等数学经验。

【游戏准备】

篱笆墙、果树、果蔬、晾衣竿、钉耙、摸箱、任务卡、转盘等。

【游戏过程】

1. 转动转盘领取任务卡。

①转动转盘，看看指针指向了数字几。

②找到对应号数的摸箱，摸取任务卡。

③看一看任务卡上要求的采摘任务是什么。

2. 根据采摘任务判断果蔬生长位置，选取合适的工具。

①我的任务是摘梨子5个。

②根据梨子生长位置选择合适的工具。

小班　13

3. 探索使用各种工具尝试采摘不同的果蔬。

①树上的梨子黄澄澄的，用晾衣竿就可以摘下来。

②葡萄长在高高的藤上，可以用晾衣竿或钉耙采摘。

③土豆、花生、胡萝卜等长在地里，可以用钉耙耙土，挖出来。

④篱笆墙藤蔓上长的小南瓜成熟了，可以直接用手摘，也可以用剪刀剪下来。

4. 把采摘的果蔬投放到相应的仓库。

①葡萄是水果还是蔬菜呢？要放到哪个仓库？

②土豆是水果吗？这样放对了吗？

【我们的收获】

在"快乐采摘"游戏里，我们认识了很多蔬菜和水果，学会了给蔬菜、水果分类；我们还发现不同的水果、蔬菜生长的地方不同，有的长在高高的藤架上，有的长在树上，有的长在地里；我们还学会了使用不同的工具采摘不同的果蔬，更重要的是，我们收获了满满的快乐哟！

游戏二：快乐垂钓
【关键经验】

1. 探索用铁钩钓鱼竿等不同的钓鱼工具垂钓，比较用不同工具垂钓的适宜性和便捷性。

2. 尝试运用点数、数物对应的数学经验玩游戏。

3. 探索根据鱼儿的大小、形状、颜色等不同特征有规律地排序。

小班 15

【游戏准备】

鱼塘、各种垂钓工具和鱼、转盘、幸运摸箱等。

【游戏过程】

1. 转动转盘领取任务卡。

①转动转盘,转盘指针指到数字3。 　　②到3号摸箱摸任务卡。 　　③我的任务是钓2条彩虹鱼。

2. 根据垂钓任务选取合适的工具,探索使用不同钓鱼工具钓鱼。

①彩虹鱼身体扁扁的,它的尾巴上有一个小铁圈。 　　②这么多钓鱼竿,哪个适合钓彩虹鱼呢? 　　③用铁钩钓鱼竿钓上来一条彩虹鱼啦!

3. 按规律晒鱼。

①到晒鱼场去晒鱼。 　　②把小鱼按照规律排列。 　　③想一想,小鱼还可以按照什么规律排列?

【我们的收获】

在"快乐垂钓"游戏里,我们学会用铁钩钓鱼竿、磁吸钓鱼竿钓不同的鱼,还会根据鱼儿的大小、形状、颜色等不同特征进行有规律地晒鱼。

六 游戏拓展

我们还想这样玩

游戏拓展	玩法拓展
打卡得奖品	到"开心打卡站"打卡,找到对应的宝箱拿奖品。
包装果蔬	1.打包果蔬。
	2.密封包装盒。
快递派送	按订单配餐并进行派送。

拓展游戏一:打卡得奖品

【关键经验】

运用计数、点数对应、数物对应等数学经验玩开宝箱得奖品游戏。

【游戏准备】

开心打卡站、金钥匙库、钥匙、宝箱、奖品等。

【游戏过程】

①完成采摘、垂钓任务,到"开心打卡站"打卡。

②计算任务完成数量,到"金钥匙库"选择对应数字的钥匙。

小班 17

③根据钥匙上的标识找到对应的宝箱。

④打开宝箱获得奖品。如果打不开就说明找错宝箱了，要重新找哟！

【我们的收获】

在"打卡得奖品"的游戏中，我们学会了用计数的方法比一比谁的任务完成数量最多，还学会用点数对应、数物对应的方法找到钥匙，打开宝箱，得到奖品。

拓展游戏二：包装果蔬

【关键经验】

1. 尝试将果蔬按品种分类。
2. 尝试根据不同果蔬特征选择适合的包装材料打包果蔬。
3. 探索借助不同的工具、材料密封包装盒。

【游戏准备】

多种果蔬、不同类型的包装盒、保鲜袋、订书机、胶带、夹子、水果网袋等。

【游戏过程】

1. 打包果蔬。

①将果蔬按品种分类。

②根据不同果蔬特征选择合适的打包材料。 　　　　　③打包完成。

2. 借助不同的工具、材料密封包装盒。

①用水果网袋包装，再用订书机订紧。 　　②订书机也能把快餐盒订得很牢固。 　　③夹子可以把保鲜袋夹得紧紧的。

【我们的收获】

在"包装果蔬"的游戏中，我们变成了能干的小员工。我们会将很多很多的水果和蔬菜按品种分类，还会根据不同果蔬特征选择适合的包装材料打包果蔬。我们还开展比赛，看看谁能借助不同的工具材料把包装盒密封得更快、更严实。

拓展游戏三：快递派送

【关键经验】

尝试运用序数、计数等数学经验配送美食。

【游戏准备】

派送订单、订单房间、不同类型的包装盒、密封袋、订书机、胶带等。

小班　19

【游戏过程】

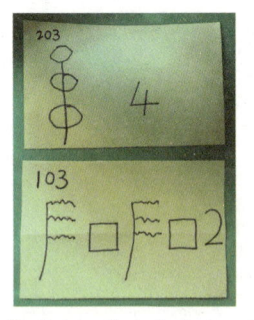

①观察订单上的信息，弄清客人要买什么，买多少。

②按照订单来配餐。

③派送前对照订单进行检查。

④看一看，哪个房间是203，哪个房间是103？不要送错房间了。

【我们的收获】

在"快递派送"的游戏中，我们变成了能干的快递小哥。我们学会解读订单上客人订购食品的种类和数量，会根据订单进行配餐，还学会了看房间号，把美食准确地送到客人的房间。每一次派送成功，我们都觉得自己太棒了！

七、教师指导

教师敏锐地从幼儿关于"农场采摘"的热点话题中捕捉到有价值的学习契机，挖掘潜在的教育价值，与小班数学区有机融合，创设了情景游戏"开心农场"，以融合的理念为幼儿设计和提供学习内容广泛且均衡的区域游戏，让幼儿在"农场"里采摘水果、垂钓的同时，获得分类、数物对应、按数取物、认识图形、按规律排序等多种数学经验。教师追随幼儿游戏进程推动游戏不断深入，使幼儿的经验不断丰富、扩展和提升，在游戏中获得整体性的发展。

2. 童话城堡

适用对象：小班

一、情景生成

喜羊羊、美羊羊是小班孩子很喜欢的卡通人物，孩子们提出，想为卡通人物建一座童话般的家园，追随这一生成点，"童话城堡"游戏由此诞生。教师与孩子们一起讨论"童话城堡"可以是什么样子的，可以用哪些材料建造，可以用什么材料装饰，并发动孩子们与家长共同参与到搜集材料、相关的资讯和图片等筹备活动中。一场别开生面的"童话城堡"美术区域游戏就此展开。

二、调查访问

童话城堡是什么样的？

幼1：我在电视上看到城堡有橙色的屋顶、黄色的墙。

幼2：我也在电视上看到过美羊羊住的羊村，有瞭望塔、大礼堂等。

幼3：哈哈，我觉得城堡的门口还可以有一条弯弯的小路。

幼4：对对对，还可以在城堡前面建一个大花园。

幼5：嗯嗯，城堡的门口还可以有围墙、围栏。

幼6：还可以在花园里安装上路灯，这样晚上就不会黑。

幼7：城堡里可以有很多家具。

三、游戏策划

我们想这样玩

①一起搭建城堡。

②一起把城堡装饰得美美的。

③做许多家具放在城堡里。

④在城堡前面建造花园。

四、游戏导航

情景游戏	玩法预设
小小建筑师	1. 搭建白雪公主的城堡。
	2. 给美羊羊建城堡。
小小装潢队	1. 粉刷城堡的围墙。
	2. 装饰城堡。
	3. 美化城堡的墙面。

情景游戏	玩法预设
小小设计师	1. 创作城堡的窗帘。
	2. 创作城堡的门帘。
	3. 制作各种家电、家具。
建造花园	1. 在花园门口铺小路。
	2. 建造花坛。
	3. 创作各种造型的树。

五、游戏实录

游戏一：小小建筑师

【关键经验】

1. 大胆地使用各种废旧物品，运用裁剪、粘贴、围合、连接等技能搭建城堡和花园等。

2. 探索各种美术工具的使用方法。

3. 愿意与同伴交流分享制作城堡的方法，体验美术创作的快乐。

【游戏准备】

胶枪、手套、剪刀、刻刀、纸筒、纸箱等。

【游戏过程】

1. 搭建白雪公主城堡。

①用纸箱剪出屋顶的形状。 　　②搭建屋顶。 　　③组合、垒高城堡。

④白雪公主城堡搭好了。

2. 给美羊羊建城堡。

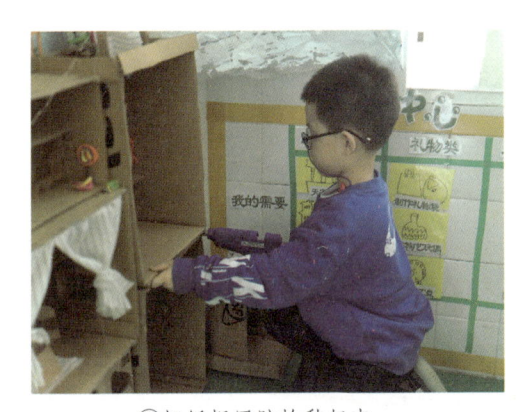

①把纸板用胶枪黏起来。　　　　　　　②把纸箱垒高。

③美羊羊的城堡搭好了。

【我们的收获】

在"小小建筑师"的游戏里，我们认识并学会使用多种工具，学会用垒高、围合、粘贴、连接等技能把纸箱子搭建成不同造型的城堡；我们发现城堡的底部也就是地基要搭建得稳稳当当的，垒高的纸箱等才不会倒；我们还学会了使用不同的工具将每一层的"楼房"粘牢固；更重要的是，我们收获了满满的快乐哟！

游戏二：小小装潢队

【关键经验】

1. 大胆运用拓印、喷画、涂染等创作手法美化童话城堡的墙面。
2. 探索使用各种涂鸦的工具进行富有个性的创作。
3. 在创作中体验成功带来的快乐。

【游戏准备】

毛刷、滚筒、排笔、气球、纸杯、绒球、颜料、彩泥、调色盘、瓶盖、喷壶、陀螺等。

【游戏过程】

1. 粉刷城堡的围墙、屋顶等。

①用毛刷粉刷屋顶。

②用排笔粉刷墙面。 　　③用滚筒粉刷墙面。

2. 用小物件装饰城堡。

①用瓶盖装饰屋顶。 　②用纸杯装饰墙面。 　③把彩泥粘在屋檐上。 　④用绒球装饰屋顶。

3. 用多种手法美化城堡的墙面。

①用橙白颜料装饰墙面。 　②用气球拓印墙面。 　③用拓印工具设计图案。

④用喷壶画装饰墙面。 　⑤用陀螺转出的图案装饰墙面。

【我们的收获】

在"小小装潢队"的游戏里,我们认识并学会使用许多有趣的涂鸦工具,知道粉刷墙面应从上到下。我们在生活中寻找各种拓印工具材料,如气球、光盘等,将城堡墙面设计得美美的。我们学会了按一定规律装饰的方法,让城堡变得更漂亮。

游戏三:小小设计师

【关键经验】

尝试运用折、剪、团、压、撕等技能设计制作家具和装饰品等。

【游戏准备】

废旧报纸、布、颜料、彩色瓶盖、彩带、双面胶、纸箱、纸筒等。

【游戏过程】

1. 一起创作各种城堡窗帘。

①用扎染布做窗帘。　　　　②把窗帘绑起来。

2. 一起创作各种城堡门帘。

①将废旧报纸剪成条状。　　②把瓶盖按颜色,有规律地粘在报纸条上面。

③把门帘挂起来。 　　④瓶盖门帘做好了。 　　⑤水滴门帘也很漂亮。

3. 用纸箱制作各种各样的家电、家具。

①先找结实的纸筒做牢固的桌（椅）脚。 　　②把桌（椅）脚和面连接起来。 　　③椅子做好了。

④用纸箱做电视机。

【我们的收获】

在"小小设计师"的游戏里,我们学会了很多不同的作画方法,如滴水画、扎染画,还学会了有规律的排列组合。我们发现原来艺术创作有很多有趣的方式。

游戏四:建造花园

【关键经验】

1. 运用团、贴、涂、染、印、穿、折等创作手法装饰花园。
2. 尝试使用木板、石头等进行有规律地铺砌。
3. 大胆进行创作,感受艺术创作带来的乐趣。

【游戏准备】

彩泥、唱片、石头、纸筒、麻绳、废旧报纸、冰棍棒、泡沫箱、树枝等。

【游戏过程】

1. 与同伴合作用不同材料装饰地板砖,进行有规律地铺小路。

①用彩泥装饰地板砖。

②用唱片装饰地板砖。

③用石头装饰地板砖。

小班 29

2. 用不同的材料美化花坛。

①用麻绳装饰花盆。 　　②插上树枝。

③用水果网袋做花束。

3. 用不同方法创作各种造型的树。

①用纸筒做树干，用冰棍棒做树枝。 　　②用泡沫箱和纸皮做树。 　　③用废旧报纸装饰树。

【我们的收获】

在"建造花园"的游戏里,我们发现了许多生活中的常见物,如石头、树枝等都可以拿来做装饰材料。在设计花园小路的过程中,我们发现可以通过有规律的搭配装饰物让地板砖看起来更美。在创作花、树的时候,我们利用废旧物品,用小手把它们变成了美丽的花朵、有创意的小树。

六、游戏拓展

我们还想这样玩

游戏拓展	玩法拓展
路灯工程	创作花园路灯。
让城堡亮起来	利用生活中的材料让城堡亮起来。
烟花盛会	创作烟花盛会。

拓展游戏一:路灯工程

【关键经验】

1. 尝试运用粘贴、缠绕、打孔、穿绕线、涂鸦等多种方法,创作富有个性的路灯。

2. 在艺术创作中欣赏美,体验美带来的愉悦心情。

【游戏准备】

电线、纸筒、麻绳、彩带、冰棍棒、木条、光盘、手指灯、塑料花等。

【游戏过程】

①用电线绕纸筒。　②用麻绳绕木条装饰成路灯杆。　③用彩带、冰棍棒装饰路灯杆。

小班 31

④用光盘、塑料花装饰路灯杆。 　⑤路灯作品1。 　⑥路灯作品2。

【我们的收获】

在"路灯工程"的游戏中，我们发现将生活中很多材料组合起来可以创作出多种多样的路灯。我们将麻绳与木条结合使路灯杆看起来更有质感。我们找到了一些旧玩具上面的灯，拆卸下来安装在路灯杆上，点亮起来特别好看。在游戏的过程中，我们还发现，如果路灯杆顶部太重容易倒，因此，我们在路灯杆的底部加了个比较重的底座，让路灯杆不仅可以稳稳当当地站着，还可以随时移动。

拓展游戏二：让城堡亮起来

【关键经验】

1. 寻找生活中会发光的物体进行富有创意的创作。
2. 尝试运用刻、捏、挖、撕、贴等技能创作各种会亮的灯景。
3. 在艺术创作中感受美、表现美。

【游戏准备】

手电筒、铝箔纸、手指灯、光盘、五彩灯、镜子等。

【游戏过程】

①用光盘让城堡亮起来。 　②用铝箔纸让城堡亮起来。 　③用镜子让城堡亮起来。 　④用手电筒让城堡亮起来。

⑤用五彩灯让城堡亮起来。 　　⑥安装手指灯让城堡亮起来。 　　⑦城堡亮起来啦！

【我们的收获】

在"让城堡亮起来"的游戏中，我们发现借助光盘、亮光纸、铝箔纸、镜子等能让城堡亮起来。我们还发现除了电灯，还有许多会发光的小物件，如手电筒、手指灯等。我们不仅感受到艺术的美，同时对如何让灯亮起来产生了浓厚的探索兴趣。

拓展游戏三：烟花盛会

【关键经验】

1. 大胆尝试运用蛋壳画、纸团画、撕贴画等多种创作手法表现烟花。
2. 懂得与同伴合作，愉悦地共同创作，进一步体验游戏的快乐。

【游戏准备】

颜料、滚珠、泡沫粒、毛绒球、雨伞、蛋壳、纸巾等。

【游戏过程】

①用蛋壳呈现烟花。 　　②用泡泡画呈现烟花。

小班 33

③用滚珠画呈现烟花。

④用拓印创作烟花。

⑤用手掌画呈现烟花。

⑥用流体画呈现烟花。

⑦用纸团创作烟花。

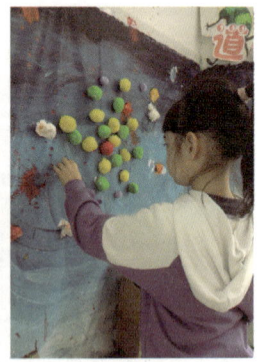

⑧用泡沫粒创作烟花。

⑨用毛绒球创作烟花。

【我们的收获】

在"烟花盛会"的游戏中,我们发现了烟花的不同创作表现手法,有蛋壳画、撕贴画、拓印等。我们还发现生活中的很多材料都可以用来创作出绚丽的烟花图案。

七、教师指导

教师从幼儿给卡通人物建家园的游玩体验的交流中捕捉到有价值的游戏生成点，挖掘其潜在的教育价值，巧妙地与小班美术区进行融合，生成了"童话城堡"情景游戏，引发幼儿关于"童话城堡"的建构畅想。通过"小小建筑师""小小装潢队""小小设计师""建造花园"等游戏，让幼儿利用多样材料、多种美工技法建构城堡和装饰城堡等，从中获得切割、围合、搭建等建构技能，习得粉刷、涂染、拓印、撕贴等创作技能。教师追随幼儿游戏进程，捕捉幼儿在游戏中不断生发的"让城堡亮起来"、创作"烟花盛会"等新想法和新创意，及时提供多样化的材料和创作技法给予有力支持，推动幼儿游戏不断往深度拓展，促其经验不断扩展和提升。

3. 密室寻宝

适用对象：小班

一、情景生成

在一次自由活动时间，孩子们凑在一起聊天。浩浩说："我那天去游乐园玩，发现里面有一个可以寻找宝贝的游戏，可好玩了！"浩浩的话引来了其他孩子加入讨论。孩子们纷纷表示都去过类似的寻宝馆，他们议论着："寻宝馆有关卡，有任务要完成。""寻宝闯关可难了，是爸爸帮我一起完成的。"……教师看到孩子们对于寻宝游戏的浓厚兴趣，决定在科学区创设"密室寻宝"的游戏场景，带领孩子们踏上神秘的寻宝之旅。

二、调查访问

密室寻宝是什么样的游戏？

幼1：寻宝人要拿到藏宝图才能找到宝藏。

幼2：我看过电视上的寻宝电影，寻宝人要经过一个很暗的密室。

幼3：对呀，而且密室里有许多机关。

幼4：我和爸爸查到寻宝人还要有一些寻宝工具。

三、游戏策划

我们想这样玩

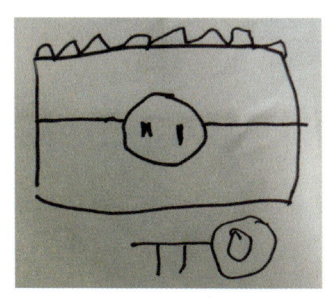

① 开宝箱。 ② 宝箱里要有任务卡。 ③ 在密室里找宝物。

④ 根据任务卡找宝物。 ⑤ 评选"寻宝小达人"。

四、游戏导航

情景游戏	玩法预设
开宝箱取任务卡	1. 寻找与宝箱标识对应的钥匙。 2. 开密码锁，取出宝箱内的任务卡。
密室寻宝	1. 根据寻宝任务选取合适的工具。 2. 进入密室寻宝。 3. 将寻到的宝物贴在"寻宝任务墙"。
评选"寻宝小达人"	1. 根据寻宝任务完成情况，为寻找到正确宝物的小伙伴点赞，评选"寻宝小达人"。 2. "寻宝小达人"根据奖品券上的信息，领取相应的奖品。

小班

五、游戏实录

游戏一：开宝箱取任务卡

【关键经验】

1. 掌握用钥匙开锁的技巧，体验解密的乐趣。

2. 能够运用点数对应、颜色对应、规律排序、图形对应等数经验寻找对应的钥匙开锁。

【游戏准备】

宝箱、宝箱锁和相对应的钥匙、寻宝任务卡等。

【游戏过程】

1. 寻找钥匙。

①宝箱锁上有按规律排序的三角形、圆形的图案。

②我找到和宝箱锁上相同规律排序图形的钥匙了。

2. 打开宝箱取任务卡。

①试试能不能开锁。

②太好了，我开锁成功，打开宝箱了。

③找到一张寻宝任务卡。

【我们的收获】

在"开宝箱取任务卡"的游戏里,我们懂得了用点数对应、颜色对应、大小对应、规律排序等方式来破解密码,成功开锁,打开宝箱取出任务卡。接下来让我们一起来寻找宝藏吧!

游戏二:密室寻宝

【关键经验】

1. 尝试根据寻宝任务卡判断宝物藏匿的位置。
2. 尝试根据宝物藏匿的位置,判断并选取合适的工具寻宝。

【游戏准备】

大树、小沙池、树洞、寻宝任务墙、晾衣竿、手电筒、漏勺、螺丝刀等。

【游戏过程】

1. 选取寻宝工具。

①任务卡里的蝴蝶会藏在哪呢?  ②哪个工具适合抓蝴蝶?  ③密室太黑了,我需要一个手电筒。

2. 进入密室,探索使用不同工具寻找不同的宝物。

①宝物会不会藏在苹果里?我们用晾衣竿来摘苹果。  ②怎么撬开铁盒子呢?  ③用漏勺试试能不能筛出宝物。

小班 39

④看看宝物是不是藏在鸟窝里。 　　⑤宝物会不会藏在树洞里？用手电筒照着找一找。

3. 将寻找到的宝物贴到任务墙上，自行检验。

把找到的宝物贴在任务墙上，检查看看是不是和任务卡上的一样。

【我们的收获】

我们开动脑筋，用各种办法在密室内找到了许多宝物，如：用晾衣竿摘树上的苹果，用钓鱼竿钓水池里的鱼，用放大镜找树丛里的蝴蝶，用磁铁吸沙池里的小蚂蚁，用镊子夹到夹缝中的花片，等等。我们觉得自己太厉害了！

游戏三：评选"寻宝小达人"

【关键经验】

1. 尝试统计点赞数，评选"寻宝小达人"。

2. 尝试运用点数对应、图形对应、颜色对应等数经验找到并领取相应的奖品券，领取奖品。

【游戏准备】

点赞榜、奖品券、奖品等。

【游戏过程】

1. 对照任务卡检验寻宝任务完成情况，为寻找到正确宝物的小伙伴点赞，计算每个寻宝者的点赞数，评选"寻宝小达人"。

①点赞。 　　　　　　　　②我得到了4个赞，被评选为"寻宝小达人"。

2. 分发奖品券，根据奖品券上的信息领取相应的奖品。

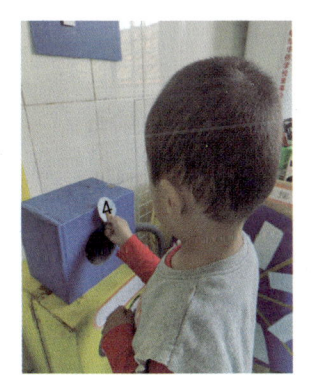

①我拿到了奖品券，奖品券上写着4。 　　　　②找到对应4元区的奖品，太棒了，奖品是我最喜欢的照相机。

【我们的收获】

我们会运用数数的经验统计点赞数，评选"寻宝小达人"。每一个当选"寻宝小达人"的小伙伴都非常得意，还能领取到喜欢的奖品。寻宝游戏真是太好玩了！

六、游戏拓展

我们还想这样玩

游戏拓展	玩法拓展
改装寻宝工具	根据宝物藏匿的高度、深度等对工具进行组合改装。
树洞取球	借助各种工具从树洞里取球。

拓展游戏一：改装寻宝工具

【关键经验】

能根据宝物藏匿的高度、深度，综合运用粘、捆绑的方法对工具进行组合改装、加长，取到高处或深洞里的宝物。

【游戏准备】

水管、胶带、铁丝、剪刀、轮胎等。

【游戏过程】

①洞很深，工具不够长，怎么办？

②用粘、捆绑等方法对工具进行改装，把工具加长。

③用加长的工具成功地捞到洞里的小球了。

【我们的收获】

我们知道要取到深洞里的宝物，需要用很长的工具，这可难不倒我们。我们用水管、夹子、钩子、铁丝、胶带等不同的材料进行组合，把工具加长，组装出新的取宝工具，成功地取到了深洞里的宝物。

拓展游戏二：树洞取球

【关键经验】

积极探索借助工具取出树洞里的球的多种办法，体验自主解决问题的乐趣。

【游戏准备】

轮胎、衣架、水管、碗、勺子、双面胶、球等。

【游戏过程】

①用轮胎做树洞，用衣架把树洞里的球勾出来。

②用碗把树洞里的球舀出来。

③水管粘上双面胶，伸进树洞粘住球，球就出来了。

④用两根水管把球夹出来。

⑤把水灌进树洞里，树洞里的球就浮上来了。

【我们的收获】

"树洞取球"游戏对我们充满了挑战，我们尝试了许多方法巧妙地取出树洞里的球，如：用衣架把球钩出来；用双面胶粘在水管上，再把球粘出来；更聪明的办法是在树洞里灌满水，球就自己浮上来了。我们学会了自己想办法解决各种难题，我们太厉害了！

小班 43

七、教师指导

教师捕捉幼儿的兴趣点、关注点，生成了"密室寻宝"的情景游戏，并积极发动幼儿通过多种形式开展探索，引发并丰富幼儿的生活经验。教师与幼儿共同策划游戏玩法，巧妙地在"开宝箱取任务卡""密室寻宝""树洞取球"等一系列游戏玩法中、材料设计中植入课程，让幼儿在快乐游戏的同时开展有意义的学习活动，学习探索各种工具的使用，学会自主解决问题，促进幼儿经验的不断扩展和持续提升，实现游戏与课程的互生互长，游戏与发展的协同统一。

4. 角色体验馆

适用对象：小班

一、情景生成

角色体验馆是幼儿生活中新兴的一个游乐项目，体验式游戏让孩子们津津乐道。教师从孩子们的兴趣点和经验点出发，与小班生活技能学习点有机结合，将生活区巧妙设计成角色体验馆，让孩子们在游戏情景中玩中学，学中玩，自主练习各种生活技能。

二、调查访问

职业服饰是什么样的？

幼1：消防员的衣服是橙红色的，脚上穿的是靴子。

幼2：我爸爸说交警身上穿的反光衣服叫反光背心。

幼3：我在工地上看到建筑工人头上都要戴安全帽。

幼4：我在医院看到医生穿的衣服是白色的，妈妈说那种衣服叫白大褂。

幼5：邮递员的衣服是绿色的，帽子也是绿色的。

三、游戏策划

我们想这样玩

体验多种职场角色。

四、游戏导航

情景游戏	玩法预设
职场角色装扮	1. 挑选匹配角色的服饰。
	2. 穿戴服饰，进行自主装扮。
	3. 搭配角色的鞋、帽等。
配备上岗装备	选择角色的工作道具。

五、游戏实录

游戏一：职场角色装扮

【关键经验】

1. 选择喜欢的角色，尝试为角色匹配服饰，享受角色装扮的乐趣。

2. 会用拉、扣、戴、别、系、扎等生活技能穿戴服饰，进行自主装扮，提高生活自理能力。

【游戏准备】

多种角色扮演的职业服装、所需的配饰（如皮带、帽子、鞋等）及相关辅助图示。

【游戏过程】

1. 角色一：小小护士。

①扁扁的大纽扣好难扣上啊！

②照照镜子，帽子是这样戴的吗？

2. 角色二：小小消防员。

①穿上宽大的消防反光马甲。

②戴上消防员的红帽子。

3. 角色三：小小宇航员。

①连体裤很不好穿。

②穿上鞋子。

③戴上帽子，我要出发啦！

4. 角色四：小小建筑工。

①穿好衣服，戴上头盔。　　②哪双工作鞋适合我呢？　　③套上靴子，我是小小建筑工。

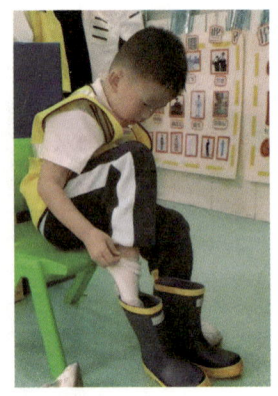

5. 角色五：小小空姐。

①扣上纽扣　　②空姐的帽子是哪一个呢？　　③整装待发，美美哒！

【我们的收获】

角色体验馆里有不同职业的服装，我们在这里可以尽情装扮，可开心啦！不同的衣服上有不同的扣子：有塑料钩扣，有暗扣，还有魔术扣……它们可难不倒我们，我们用巧手把它们一一克服了。我们还学会了拉、扣、戴、别、系、扎等许多生活小技能，感觉自己棒棒哒！

游戏二：配备上岗装备

【关键经验】

判断、选择、配搭不同职业的工作装备，体验不同职业的工作内容。

【游戏准备】

多种职业角色的工作装备。

【游戏过程】

① 带上外卖箱，送外卖去。

② 提上药箱，小护士上岗了。

③ 推出餐车，准备登机。

④ 检查必备工具，一件也不能少！

【我们的收获】

在"配备上岗装备"游戏里，我们了解到不同的职业都有不同的工作装备：外卖员需要食物保温箱、护士需要药箱、空姐需要餐车、建筑工需要工具箱……游戏过程中我们和小伙伴们互相交流，一起分享经验，准确判断各种职业的工作装备，我们都成了厉害的职场小能手！

六、游戏拓展

我们还想这样玩

游戏拓展	玩法拓展
百变穿衣我有招	探索不同的穿衣方法。
我是职场小达人	开展不同职场角色的工作体验。
萌宝拍拍乐	摆造型，自主拍照。

拓展游戏一：百变穿衣我有招

【关键经验】

会欣赏、借鉴同伴穿衣的方法，探索新的穿衣方法，分享穿衣经验。

【游戏准备】

多种角色扮演的职业服装。

【游戏过程】

1. 摸索法。

①先穿一只袖子。 　　②再穿另一只袖子。 　　③然后扣上扣子。

2. 套头法。

①直接把衣服套头上。 　　②再穿袖子。 　　③穿好衣服了。

【我们的收获】

在"百变穿衣我有招"中,我们通过讨论,尝试各种穿衣服的方法,学会了自己的事情自己做,锻炼了动手能力。我们的小手变得更灵巧了。

拓展游戏二:我是职场小达人

【关键经验】

1. 判断不同职场角色的工作场景并进行匹配。

2. 了解不同职场角色的工作职责,在相应工作场景中进行工作体验。

【游戏准备】

多种角色扮演的服装、道具。

【游戏过程】

1. 水果店。

① "娃娃水果DIY"小店开张了。

② 我们会切水果、榨果汁，小小厨师们很忙碌。

2. 野战训练营。

① 小小战士搭起梯子。

② 拿上玩具枪，过小桥。

③ 伏击，投"炸弹"。

3. 消防演练。

① 练好基本功，小小消防员才能上岗哟！

② 瞄准"火源"，喷射。

③ "火"灭了，收工啦！

小班 51

4. 建筑工地。

①穿好服装。 　　　　　　②搬运砖头。 　　　　　　③砌砖。

【我们的收获】

在"我是职场小达人"游戏中,我们了解了不同职业有不同的工作环境,体验了不同职业的工作内容,并在角色体验中感受到了不同行业工作人员的辛苦。

拓展游戏三：萌宝拍拍乐

【关键经验】

尝试拍摄工作照,享受自拍、互拍的快乐。

【游戏准备】

自拍杆、相机、手机、萌宝摄影棚等。

【游戏过程】

①这是我帅气的工作照。 　　　　②装扮好了,来张自拍照吧! 　　　　③拿上道具,我们一起摆个造型吧!

【我们的收获】

"萌宝拍拍乐"游戏是我们的最爱,我们自由选择喜爱的角色,选搭各种职业服装、配饰、道具,摆出美美的造型,让小小摄影师帮我们拍下最美的瞬间。我们尽情享受角色扮演的快乐。

七、教师指导

教师追随幼儿的兴趣点,与幼儿共同创设了喜闻乐见的"角色体验馆"游戏情境,巧妙地将拉、扣、戴、别、系、扎等生活技能融于装扮游戏中,为幼儿提供高质量、有目的的游戏和有价值的活动。"角色体验馆"游戏不仅体现了如何让幼儿通过游戏来学,同时体现了教师如何通过游戏来教。幼儿在快乐的角色体验游戏中自然习得各种生活技能,发展了动手能力,积累科学常识,获得了跨领域的整体性发展。

5. 小小育婴坊

适用对象：小班

一、情景生成

最近，孩子们发现班里的玩具娃娃的身上、脸上都变得脏兮兮的，一幼儿提议："我们给娃娃洗干净吧！"她的提议得到了小伙伴的赞同。两个孩子自发地拿来洗澡盆，为玩具娃娃脱去衣服洗澡。她们的举动引来班级其他幼儿的围观，大家围在一起讨论着：怎么帮娃娃洗澡更干净？在家里妈妈是怎样帮我们洗澡的……追随孩子们的这一热点话题，教师与孩子们一起讨论、交流，于是，"小小育婴坊"游戏在生活区中诞生了。

二、调查访问

"育婴坊"里的工作人员是怎样照顾娃娃的？

幼1：他们会给娃娃喝奶粉。

幼2：他们会给娃娃洗澡。

幼3：他们可以帮娃娃穿衣服。

幼4：他们可以照顾娃娃睡觉。

幼5：他们可以推小车带娃娃去逛街。

三、游戏策划

我们想这样玩

①给"娃娃"洗澡。 　　②给"娃娃"穿衣服。 　　③洗衣服。

④晒衣服。 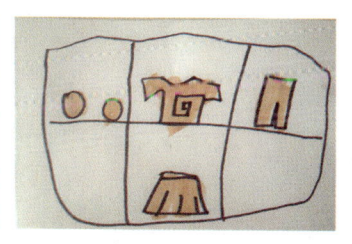　　⑤整理衣服。

四、游戏导航

情景游戏	玩法预设
给"娃娃"洗澡	用不同方法为"娃娃"洗澡。
包裹"娃娃"	1. 采用不同方法用浴巾包裹"娃娃"。
	2. 用捆扎、系带等方法固定包裹"娃娃"。
帮"娃娃"穿衣服	1. 帮助"娃娃"穿上衣服。
	2. 帮助"娃娃"穿有不同扣子的衣服。
帮"娃娃"洗衣服	借助多样工具帮"娃娃"洗衣服。
争当整理衣物小能手	1. 根据不同衣物特征探索整理方法。
	2. 将衣服、鞋袜、浴巾、毛巾等进行分类整理。

小班　55

五、游戏实录

游戏一：给"娃娃"洗澡

【关键经验】

1. 积累为"娃娃"洗澡的生活经验，发展搓、擦、抹等动作技能。

2. 探索用不同的洗澡工具为"娃娃"洗澡，比较其便捷性，体验照顾"娃娃"的乐趣。

【游戏准备】

玩具娃娃、沐浴露、浴盆、毛巾、洗澡网兜等。

【游戏过程】

1. 第一次尝试，用手轻轻搓洗。

①在澡盆中倒好水，将玩具娃娃放入澡盆。　②挤一点沐浴露，轻轻搓洗。　③用浴巾擦干"娃娃"身体。

2. 第二次尝试，用不同的洗澡工具为"娃娃"洗澡。

①用长方形澡盆装水。　②用上洗澡网兜。　③用毛巾擦洗"娃娃"。

【我们的收获】

我们学会了帮"娃娃"洗澡，知道给"娃娃"洗澡的时候动作要轻轻的，我们发现用各种洗澡工具把"娃娃"洗得更干净了，"娃娃"也更舒服了。在这个游戏中，我们感到自己成为了能干的小大人！

游戏二：包裹"娃娃"

【关键经验】

1. 探索包裹"娃娃"的方法。
2. 学习用捆扎、系带等方法固定包裹"娃娃"。

【游戏准备】

玩具娃娃、浴巾、操作台等。

【游戏过程】

1. 用浴巾包裹"娃娃"。

①把"娃娃"放在摊开的浴巾上。 　　②轻轻包上浴巾。 　　③整理好浴巾。

2. 采用不同方法用浴巾包裹"娃娃。"

①对角式包裹法。

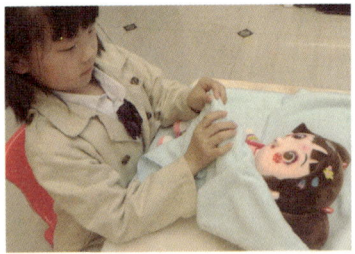

②卷筒式包裹法。

③对折式包裹法。

④三角包裹法。

3. 用捆扎、系带等方法固定包裹"娃娃"。

用系带的方法固定包裹"娃娃"。

【我们的收获】

我们发现用浴巾包裹"娃娃"有不同方法，可以采用对角式包裹法、卷筒式包裹法、对折式包裹法、三角包裹法等。我们还学会用不同的方法把"娃娃"包得紧紧的，我们觉得自己真了不起！

游戏三：帮"娃娃"穿衣服

【关键经验】

1. 运用已有生活经验帮助"娃娃"穿上衣服，提升生活技能，感受照顾"娃娃"的快乐。

2. 练习有不同扣子如摁扣、纽扣、布扣、钉扣等的衣服的穿衣方法。

【游戏准备】

玩具娃娃、绑带衣服、纽扣衣服、拉链衣服、裤子等。

【游戏过程】

1. 帮助"娃娃"穿上衣服。

①分清裤子的正反面，用提的方法帮"娃娃"穿裤子。

②穿衣服时，从袖口伸进去，把"娃娃"的手轻轻拉出。

2. 探索带摁扣、纽扣、布扣、钉扣、绑带的衣服的穿法。

①纽扣对准扣眼穿过去。

②穿摁扣衣服时要用点力。

小班　59

【我们的收获】

在游戏中，我们学会了用纽扣、拉拉链、绑带子等方法帮助"娃娃"穿衣服，一些特殊衣服的穿法也难不倒我们了。

游戏四：帮"娃娃"洗衣服

【关键经验】

1. 探索刷子、洗衣锤、洗衣盆、衣架等工具的使用。
2. 学习用刷、搓、拧等方法洗衣服。

【游戏准备】

衣服、洗衣液、搓衣板、洗衣盆等。

【游戏过程】

①先把衣服打湿。　　②加入洗衣液，放在搓衣板上搓一搓，洗一洗。　　③换清水，漂洗干净。

【我们的收获】

我们学会用刷、搓、拧等多种方法来清洗"娃娃"换下来的脏衣服。瞧，衣服变得多干净啊！

游戏五：争当整理衣物小能手

【关键经验】

1. 初步学会一些整理、收纳衣物的方法，体验服务他人的快乐。
2. 练习挂衣服、叠衣服、卷袜子、折浴巾等生活技能。

【游戏准备】

裤子、衣服、鞋袜、浴巾、毛巾、衣柜等。

【游戏过程】

1. 根据不同衣物特征，探索挂衣服、叠衣服、卷袜子、折浴巾等整理方法。

①把衣服的两个袖子交叉折整齐。　　②裤管对齐，再对折。

2. 将衣服、鞋袜、浴巾、毛巾等衣物进行分类整理。

①长袖衣服放在长袖衣服柜子里。　　②将裤子整理好，放入柜子里。

【我们的收获】

我们学会了很多整理衣服的好方法，我们要用这些本领把自己家里的衣橱整理得整整齐齐。

六、游戏拓展

我们还想这样玩

游戏拓展	玩法拓展
帮"娃娃"包纸尿裤	用正确方法给"娃娃"包纸尿裤。
穿育婴师的工作服	正确穿戴育婴师工作服。
处理脏水有妙招	借助各种工具、材料处理浴盆里的脏水。
晾晒衣物有妙招	借助各种工具材料晾晒衣服。

拓展游戏一：帮"娃娃"包纸尿裤

【关键经验】

用拉、贴、提等技能帮"娃娃"包好纸尿裤。

【游戏准备】

玩具娃娃、纸尿裤、包纸尿裤操作台、包纸尿裤步骤图等。

【游戏过程】

①辨别纸尿裤正反面。

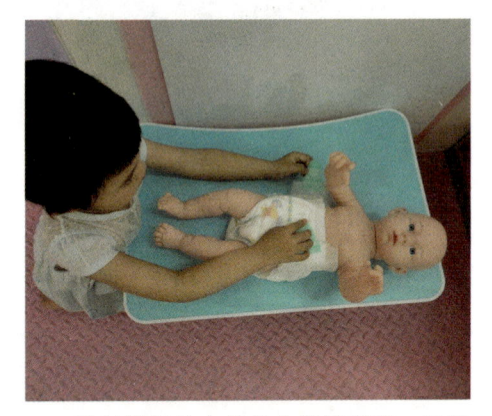

②纸尿裤放在娃娃的屁股下面，把纸尿裤两边的贴扣拉直了贴在前面。

【我们的收获】

我们学会分辨纸尿裤的前后、正反面，并用正确的方法为"娃娃"包纸尿裤，让"娃娃"洗完澡后既干净又舒服。

拓展游戏二：穿育婴师的工作服

【关键经验】

辨别育婴师工作服的前、后、里、外，探索工作服、工作帽的正确穿戴方法，提高动手能力。

【游戏准备】

育婴师工作服、穿衣步骤图等。

【游戏过程】

①分清衣服正反面，手穿到衣服袖子里。　　②扣上扣子。　　③戴上帽子。

【我们的收获】

我们不但会帮"娃娃"穿衣服，还会自己穿衣服。我们学会分辨衣服的前后、正反面，并用正确的方法穿工作服。衣服上有好多扣子，它们可难不倒我们。

拓展游戏三：处理脏水有妙招

【关键经验】

探索用各种工具、材料处理浴盆里的脏水的方法，比较其便捷性。

【游戏准备】

瓶子、快餐盒、毛巾、小碗、勺子、浴盆等。

【游戏过程】

①用空瓶子把脏水舀出来。 　②用毛巾把脏水吸起来。 　③用勺子把脏水舀出来。

④用小碗把脏水舀出来。 　⑤用快餐盒把脏水舀出来。 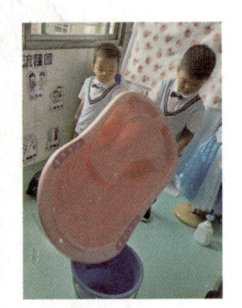　⑥小伙伴们一起把浴盆抬起来倒出脏水。

【我们的收获】

我们发现处理"娃娃"洗澡后的脏水有很多种方法，水多的时候可以用空瓶子、小勺子、小碗、快餐盒等工具，用舀的方法把脏水处理掉；水不多的时候，可以用毛巾把浴盆里余下的脏水吸起来，还可以请小伙伴们一起合作把浴盆抬起来倒出脏水……

拓展游戏四：晾晒衣物有妙招

【关键经验】

1. 尝试用各种办法晾晒浴巾、毛巾和衣服，寻找最快、最合适的晾晒方法。
2. 尝试用摊、夹、挂等生活技能晾晒浴巾、毛巾和衣服。

【游戏准备】

晾衣绳、大夹子、晾衣架、衣架、衣服、毛巾、浴巾等。

【游戏过程】

①把衣服和毛巾挂在衣架上，再挂在自制晾衣架上晾干。

②班级的毛巾架，也是一个晾晒的好工具。

③用晾衣绳晾浴巾、毛巾、衣服，也很容易干。

④可以把浴巾摊开晒在"毛毛虫"身体上。

⑤可以把衣服、浴巾晾晒在户外活动器械上。

⑥还可以把衣服、浴巾晾晒在滑梯上。

【我们的收获】

我们知道湿的浴巾、衣服和毛巾需要摊开来，在太阳底下晒才容易干。幼儿园里有许多阳光充足的地方，一些活动器械可以巧变"晾衣架"，用来解决晾晒的问题。

七、教师指导

教师从偶发事件中敏锐捕捉游戏生成点，追随孩子们关于"怎么帮脏娃娃洗澡"的讨论热点生成"小小育婴坊"情景式区域游戏。教师深入辨析其中潜在的教育价值，在游戏中巧妙植入帮"娃娃"洗澡、包裹"娃娃"、帮"娃娃"穿衣服、洗衣服、整理衣物等丰富有趣的、有价值的课程，使"小小育婴坊"区域游戏较好地体现游戏生发课程、课程促进发展的教育理念。

6. 米奇餐厅

适用对象：小班

一、情景生成

"餐厅"是孩子们最喜欢的角色区游戏之一，做菜、点餐、送餐，他们经常玩得不亦乐乎。在这些游戏情节中，藏着食物分类、食物保存、餐桌餐具摆放、按订单烹饪等丰富的教育资源。教师抓住这一契机，发起一次"调查访问"，让孩子们进一步了解到餐厅工作人员的角色分工、工作程序等，一个寓教于乐的"米奇餐厅"游戏应孩子们的兴趣而诞生了。

二、调查访问

餐厅工作人员要做哪些事情？

幼1：服务员每天上班都要摆放餐具。

幼2：服务员要让客人点餐。

幼3：我在餐厅看到服务员把食物整齐地摆放在餐柜上。

幼4：厨师要根据客人的订单煮菜。

幼5：我和妈妈到餐厅吃饭，吃不完时，服务员还帮忙打包。

三、游戏策划

我们想这样玩

① 将食材分类摆放。

② 根据订单信息摆桌椅。

③ 根据订单煮菜。

④ 根据订单配餐。

四、游戏导航

情景游戏	玩法预设
食材分一分	1. 将每日进货的食材进行分类。
	2. 将不同食材合理地分类冷藏。
餐桌、餐具摆一摆	1. 摆放桌椅。
	2. 摆放餐具。
配餐小能手	1. 派分订单。
	2. 小厨师配餐。
	3. 将配齐的餐品送到对应的餐桌。

小班 67

五、游戏实录

游戏一：食材分一分

【关键经验】

1. 根据食物的不同特征进行分类，探索不同的分类方法。

2. 探索冰箱的分类冷藏方法，判断不同种类食物的保鲜方式，尝试区分熟食、生食，将不同食材合理地分类冷藏。

【游戏准备】

分类图示、果蔬分类架、饮料分类架、各类食材、冰箱等。

【游戏过程】

1. 将食材分类摆放，探索不同的分类方法。

①方法一：按食材的种类分。

②方法二：按颜色分。

③方法三：按食材的用途分。

④方法四：按瓶子的大小分。

2. 尝试将不同食材合理地分类冷藏。

①将生食、熟食分开装。　　②把鸡蛋放冷藏室。　　③把蔬菜放冷藏室。

④把龙虾放速冻层。　　⑤把水果放冷藏室。　　⑥把鱼放速冻层。

小班　69

【我们的收获】

在"食材分一分"游戏里,我们学会了区分食材的种类:饮料、蔬菜、水果、海鲜、肉类等,还学会了根据食材的种类、颜色、用途等不同特征分类摆放食物。我们还会分辨生、熟食材,会为不同食材选择最适宜的存储方式,把它们送到冰箱中最适宜的位置保存。

游戏二:餐桌、餐具摆一摆

【关键经验】

1. 根据游戏场地,合理规划桌椅的摆放位置。
2. 尝试根据订单信息,按桌椅、餐具的不同特征及数量摆放餐桌和餐具。

【游戏准备】

餐厅订单、各种颜色的餐具、轮胎、各种颜色的纸板等。

【游戏过程】

1. 抽取当日订单,根据订单信息摆放桌椅。

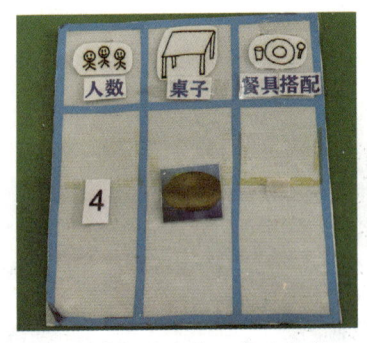

①看看订单上的人数、桌子的颜色。　　②根据订单信息摆放桌椅。

2. 根据订单信息摆放餐具。

①观察订单信息。　　②检查一下是否摆对了。

【我们的收获】

在"餐桌、餐具摆一摆"游戏中,我们发现了摆放餐桌、餐具的许多方法。我们学会根据订单上的信息,按照颜色不同摆放桌子,按颜色、人数摆放椅子和餐具。瞧,我们的桌椅、餐具摆放得整整齐齐了!

游戏三:配餐小能手

【关键经验】

1. 尝试根据订单上食材、颜色、大小、种类等信息进行配餐。
2. 愿意与同伴交流、分享配餐的方法。

【游戏准备】

果盘区、烤串区、熟食区,各种食材、各种颜色餐盘等。

【游戏过程】

1. 抽取当日订单,判断订单种类并分到相应区域内。

①烤串订单放在烤串区。　②熟食订单放在熟食区。　③水果订单放在果盘区。

2. 扮演小厨师,根据订单上的食材、数量等信息配餐。

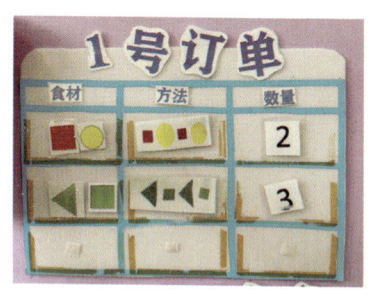

①看看烤串订单有什么。　②根据烤串订单配餐。　③烤串准备好了。

小班　71

④看看熟食订单有什么。　　⑤根据熟食订单配餐。　　⑥熟食准备好了。

⑦看看水果订单有什么。　　⑧根据水果订单配餐。　　⑨水果准备好了。

3. 根据订单桌号信息，将配齐的餐品送到对应的餐桌并核对。

①1号订单送到1号餐桌。　　②2号订单送到2号餐桌。　　③3号订单送到3号餐桌。

【我们的收获】

在"配餐小能手"游戏中，我们个个都是大厨哟！我们一起分工合作，在游戏中根据订单，运用按数取物等数学经验进行备餐，按桌号信息将餐品送到对应的餐桌。瞧，我们很能干吧！

六、游戏拓展

我们还想这样玩

游戏拓展	玩法拓展
外卖打包	1. 根据订单备齐食物。
	2. 打包外卖。
打卡集赞拿奖品	1. 到"任务奖励站"打卡、集赞。
	2. 根据转盘上的点数,找到相应的钥匙和奖品盒,获得奖品。

拓展游戏一:外卖打包

【关键经验】

1. 从游戏中体验到数学的用途和有趣。
2. 能根据外卖订单上的信息,备齐相应种类、数量的食物。
3. 探索使用不同工具、材料、方法进行打包。

【游戏准备】

不同的水果盘、打包盒、各种食物、订书机、保鲜膜、彩色毛根、透明胶带等。

【游戏过程】

1. 根据外卖订单备齐食物。

① 找到外卖订单。　② 根据外卖订单备齐食物。　③ 与订单信息核对一下。

小班　73

2. 探索使用不同工具、材料、方法进行打包。

①盒子会自动打开，怎么办？　　②将透明胶带拉直。　　③将打包盒封起来。

④打包盒凸起来了，怎么办？　　⑤用毛根将打包盒绑起来。　　⑥透明盖合不起来怎么办？

⑦用订书机封口。　　⑧用力按压订紧了。

【我们的收获】

在"外卖打包"游戏中,我们忙得热火朝天。我们学会根据外卖订单备齐相应种类、数量的食物,学会选用各种打包工具,将不同种类的食物打包。我们还会用透明胶带把打包盒的盖子封住,用毛根、绳子把打包盒绑起来,还会用订书机把打包盒订起来。我们学会自己解决很多难题了。

拓展游戏二:打卡集赞拿奖品

【关键经验】

1. 会计算自己的集赞数量。
2. 尝试运用点数对应、数物对应等数学经验找到奖品盒,体验成功的快乐。

【游戏准备】

转盘、奖品盒、钥匙等。

【游戏过程】

1. 到"任务奖励站"打卡,计算完成总任务数,集满 4 个赞后,转动转盘。

①集满 4 个赞就可以去转转盘。　　②转到了几点呢?

2. 根据转盘上的点数,找到对应钥匙,再找到对应数字的奖品盒,打开奖品盒获得奖品。如果打不开就说明找错奖品盒了,要重新找。

①找到奖品盒。 　　　　　　　　②成功开锁打开奖品盒，找到奖品。

【我们的收获】

在"打卡集赞拿奖品"游戏中，为了拿到奖品，我们要先努力集满4个赞，还要开动脑筋，根据转盘上点的数量，找出相应的钥匙，再找到对应的奖品盒获得奖品。如果打不开奖品盒就说明找错钥匙了，必须重新找，但是这些都难不倒我们。我们一次次成功地打开奖品盒，拿到了好多奖品哟！

七、教师指导

教师从幼儿的生活中取材，生成幼儿跃跃欲试的"米奇餐厅"游戏情景，深入辨析其中蕴含的丰富教育资源，巧妙融入情景游戏，让幼儿在游戏中依托餐厅工作人员角色，将每日进货食材分类摆放，探索不同的分类方法，探索不同种类食物的保鲜方式。幼儿学会将不同的食物分类冷藏，学会根据订单信息为客人配餐，探索运用不同工具、材料、方法打包不同食物，根据订单信息摆放不同颜色、形状的餐桌和餐具等。教师帮助幼儿在自主快乐的游戏中获得丰富多元的多领域经验，化教于无形，化学于无痕，实现了游戏、课程、学习与发展三者的统一。

中 班

7. 家政公司

适用对象：中班

一、情景生成

在幼儿园里，幼儿经常遇到这样的问题：在美工区画画时，颜料粘在了衣服上；午餐时，油汁滴在衣服上……这些不仅会影响衣服的整洁，还会给爸爸妈妈清洗衣服带来很大的麻烦。那么，清洗污渍有什么妙招呢？教师决定在生活区里成立"家政公司"，引导幼儿研究清洁的好方法，自己解决这些问题。

二、调查访问

家政公司是做什么的？

幼1：我了解到家政公司的人会帮忙做大扫除，把家里打扫得干干净净的。

幼2：家政阿姨会用去油污的清洁剂洗厨房。

幼3：有的家政公司的人会专门帮忙整理衣服，会把衣服上的毛球处理干净。

幼4：到我家打扫的家政阿姨很厉害，会把生锈的铁制品洗得亮亮的。

幼5：我家的家政阿姨会拿一瓶洗涤剂喷一喷，然后就把衣服洗得很干净了。

三、游戏策划

我们想这样玩

① 为美工区小伙伴清洗衣服和桌布上的颜料。

② 解决打扫地上毛发的难题。

③ 去掉瓶子上的标签。

④ 采用一些小妙招除去铁锅上的锈迹。

四、游戏导航

情景游戏	玩法预设
米豆分家	选择合适的工具将混合在一起的米、豆分类装好。
去除标签	去掉各种瓶子上的标签。
去除毛球	用多种办法去除不同衣料上的毛球。
清理毛发	使用工具清理毛发。
去除污渍	使用不同的清洁剂去除不同的污渍。
去除锈迹	1.使用各种工具去锈迹。 2.探索更简便的除锈迹方法。

五、游戏实录

游戏一：米豆分家

【关键经验】

1. 探索正确使用汤勺、镊子、蒸笼等工具为米豆分家，寻找最快捷的方法。
2. 练习舀、倒、筛、捡、夹等操作技能，提高生活能力。

【游戏准备】

米、绿豆、玉米片、黄豆等混合物，汤勺、镊子、洗菜篮、分类盒、蒸笼等。

【游戏过程】

①用镊子夹出玉米片。 　②用汤勺和手挑出黄豆。 　③用洗菜篮可以将米筛出来。

④米和绿豆可以用漏斗筛出来。 　⑤也可以试试用搓衣板的洞筛出米和绿豆。 　⑥蒸笼也可以用来筛出绿豆。

【我们的收获】

通过"米豆分家"，我们认识了很多工具，知道了它们的使用方法。我们能用这些工具巧妙地将混到一起的米、绿豆、玉米片等分离出来装入分类盒。我们学会了舀、倒、筛、捡、夹等本领，知道怎么做能更快、更好地将混在一起的物品分离。最重要的是，我们通过尝试和探索解决了问题。

中班 81

游戏二：去除标签

【关键经验】

1. 探索去除标签的多样方法，尝试借助各种辅助工具去除标签，比较工具的便捷性。

2. 在去除标签的活动中提升撕、抠、刷等生活技能，积极地解决遇到的问题。

【游戏准备】

带标签的瓶子、镊子、刷子、钢丝球、电吹风、风油精等。

【游戏过程】

①用指甲抠很费力。

②用牙刷很难刷干净。

③用镊子夹也很费力。

④先用水浸泡，再用手撕会容易一些。

⑤用电吹风助力，撕起来很轻松。

⑥用风油精去标签也很省力。

【我们的收获】

我们在活动中发现撕标签的小妙招就是用电吹风先吹一吹，标签下的胶水受热黏性减弱，这时用手轻轻地撕下标签，就不会留下印记了；用风油精去除标签也是非常省力，只需滴上几滴，等上几分钟就可以轻松地去除标签了。

游戏三：清除毛球

【关键经验】

1. 了解刷子、镊子、去毛器、剪刀等工具的用法，探索运用不同的工具去除毛球。
2. 观察比较用不同工具去除毛球产生的不同效果，积累去毛球的生活经验。

【游戏准备】

起球的衣物、头梳、刷子、滚筒粘毛器、剃须刀、宽胶带、剪刀、毛球修剪器等。

【游戏过程】

①用手直接拔去毛球。 　　②用剪刀剪毛球。

③用刷子刷掉毛球。 　　④用头梳梳掉毛球。

⑤用毛球修剪器去除毛球。

⑥用剃须刀也可以去除毛球。

⑦用宽胶带可以把毛球粘起来。

⑧滚筒粘毛器也很好用。

【我们的收获】

对比使用多种工具，我们学会了不同的去毛球的方法，知道用一些毛球修剪器、滚筒粘毛器是比较省力的。如果没有这些工具，我们也可以用生活中常用的宽胶带、剃须刀等，用它们去毛球也是又快又好。

游戏四：清理毛发

【关键经验】

1. 熟悉各种清扫地板的工具，学会其正确的使用方法。
2. 尝试借助各种工具清扫地板上的毛发，积累生活小妙招。

【游戏准备】

扫把、畚斗、橡皮筋、宽胶带、塑料袋等。

【游戏过程】

①用手抓毛发很费时间。

②用扫把也很难把毛发全部扫起来，毛发经常粘在扫把上。

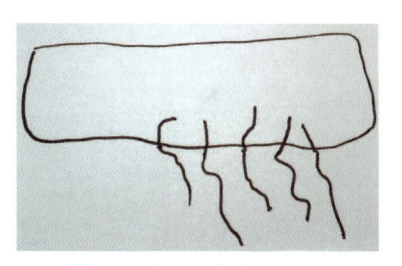

③可以用宽胶带粘毛发。 　　④用宽胶带粘毛发真的是既省力又快速。 　　⑤可以在扫帚上粘一条宽胶带。

⑥在扫把上粘上宽胶带扫地，能轻松地把毛发粘起来。 　　⑦也可以在扫帚上系一个塑料袋。

⑧塑料袋也可以吸走地上的毛发。 　　⑨在鞋底绑上橡皮筋。 　　⑩穿上绑着橡皮筋的鞋子走路，能轻松卷走地上的毛发。

【我们的收获】

面对又轻又细的毛发，我们发现用一些带有黏性的工具清扫最省力、最方便。当然，用塑料袋也是一个很好的办法，它能轻松地利用"静电"吸起毛发。给鞋子绑橡皮筋就更有趣了，穿上绑橡皮筋的鞋走路就能紧紧地将毛发缠绕在橡皮筋上，轻松去除地上的毛发。

游戏五：去除污渍

【关键经验】

1. 对解决污渍感兴趣，能积极尝试利用工具、洗涤剂去除污渍。
2. 提升洗、刷、拧等生活技能，体验成功的快乐。

【游戏准备】

牙刷、牙膏、肥皂、刷子、洗手液、洗衣粉等。

【游戏过程】

①抹上肥皂用手搓。　②试试洗手液的效果。　③在洗衣板上用刷子刷。

④加上牙膏也很有效果。　⑤洗衣粉去污效果明显。　⑥牙刷也可以拿来刷一刷。

【我们的收获】

我们发现洗涤剂和刷子等能将颜料和笔渍去除掉，但并不容易，需要我们有足够的耐心，同时手还要使点劲才能把污渍洗干净。

游戏六：去除锈迹

【关键经验】

1. 尝试借助洗涤剂等去除锈迹，探索有效方法。

2. 探索借助铁丝球等工具清除铁碗缝隙、碗口等不易清洗的锈迹。

【游戏准备】

铁丝球、刷子、洗洁精、棉签、剪刀、醋等。

【游戏过程】

1. 借助各种洗涤剂、工具除锈迹。

①用洗洁精、铁丝球清洗铁质碗底部锈迹。　　②用棉签、剪刀戳洗缝隙边缘锈迹。

2. 探索更简便的除锈迹方法。

①将醋倒入生锈的铁锅浸泡一会儿，再刷一刷。　　②锈迹清洗干净啦！

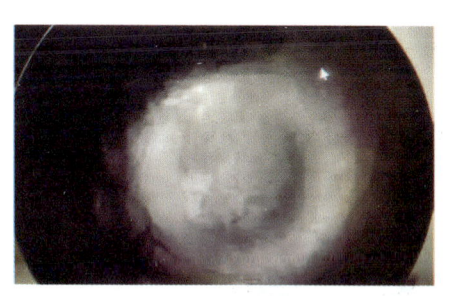

中班 87

【我们的收获】

我们发现醋才是铁锈的天敌。爸爸妈妈告诉我,因为醋可以轻松地将铁制品上面的锈渍分解,这样去除锈迹就容易多啦!

六、游戏拓展

我们还想这样玩

游戏拓展	玩法拓展
自制米豆分离工具	选择合适的材料,自制米豆分离工具。
除虫大行动	寻找去除米虫的好办法。

拓展游戏一:自制米豆分离工具

【关键经验】

1. 尝试自制分离工具,探索更快、更好地分离混在一起的米、豆等混合物的方法。

2. 发现大小不同的米、豆与工具上洞的大小的关系,并能够记录、交流自己的探索结果。

【游戏准备】

剪刀、镊子、纸碗、纸杯、米和豆等混合物、探索记录表等。

【游戏过程】

①用镊子在纸碗底部挖洞。 　　②用剪刀在纸杯底部挖洞。

③试试自制的米豆分离工具好不好用。　　　　④记下自己的探索结果。

【我们的收获】

在制作米豆分离工具时，我们用剪刀或镊子等工具在纸杯、纸碗底部挖出洞，让米或豆能从洞口漏下来。我们将每一种分离工具的使用效果进行反复的比较，及时记录下我们的发现。我们发现洞不可以挖得太大，不然所有米、豆都会漏下来，大小合适的洞才可以帮助我们分离米豆等混合物。

拓展游戏二：除虫大行动

【关键经验】

1. 围绕米、豆生虫的问题，寻找除虫的小妙招。
2. 尝试借助工具、自然条件等多种途径除虫，体验探究的乐趣。

【游戏准备】

勺子、漏勺等。

【游戏过程】

①用勺子把米虫捞出来。　　②试试米虫会不会从漏勺的洞里掉出来。　　③把米、豆放到太阳下晒一晒。

【我们的收获】

我们惊讶地发现米、豆受潮生虫了，于是大家想出了多种除虫小妙招。在这过程中，我们觉得自己像个小小的科学家去解决生活中的问题。

七、教师指导

各种生活中的小难题为"家政公司"游戏的生成点，教师创设"怎样更好地去除污渍""如何去除毛球"等问题情景激发幼儿探索的欲望，让幼儿以自己的方式去尝试探索、操作、体验，获得了去除污渍、去除毛球等小妙招。同时，教师追随幼儿不断生发的游戏需要拓展出了富有创意的"自制米豆分离工具"活动，抓住米、豆长虫的突发事件生成"除虫大行动"的探究活动，支持与推进游戏活动的深度拓展，帮助幼儿获得了健康、科学、社会等多领域经验，提升了幼儿的生活能力。

8. 乐购超市

适用对象：中班

一、情景生成

超市是孩子们身边常见的场所，家长经常利用周末时间带孩子到超市进行采购。孩子们有着丰富的生活经验，每次说起超市，总有太多的话题想分享。于是教师和孩子们一起讨论超市的情景创设，一起搜集材料，一个关于"乐购超市"的情景游戏从这里开始了……

二、调查访问

超市工作人员要做什么？

幼1：我们买单的时候需要收银员。

幼2：货架上的东西很乱的时候，超市的工作人员就会进行整理。

幼3：我和妈妈去逛超市的时候看到有的工作人员拿着一张单子，边看边摆放物品。

幼4：超市里面也有打扫卫生的工作人员。

幼5：还有向我们推销商品的工作人员。

幼6：爸爸妈妈没空逛超市的时候，就会在手机上选购商品下单，然后超市的工作人员就会按照订单配货，让快递员送货上门。

三、游戏策划

我们想这样玩

①给商品分类。

②数一数、写一写当天都进了哪些商品。

③设计一个宝箱开锁游戏，找到钥匙，打开宝箱取购物单。

④按购物单配货。

⑤按购物单把商品送货上门。

四、游戏导航

情景游戏	玩法预设
货品上架	1.给商品进行分类。
	2.填写进货单。
开宝箱取购物单	找到相应的钥匙打开宝箱，取出购物单。
配货	根据购物单配齐商品。
送货	根据购物单地址送货。

五、游戏实录

游戏一：货品上架

【关键经验】

1. 探索根据商品的用途、种类等不同的特征为商品分类。
2. 学习运用图形、数字、绘画等方法记录进货单，并统计出各类货物的数量。
3. 积累数、分类、统计等数学经验。

【游戏准备】

分类架，各种玩具、食品、学习用品和生活用品等。

【游戏过程】

1. 将每日进货的商品分类摆放，探索不同的分类方法。

①棒棒糖、饮料是食品吗？我放对了吗？

②纸巾要放在哪个货柜上呢？

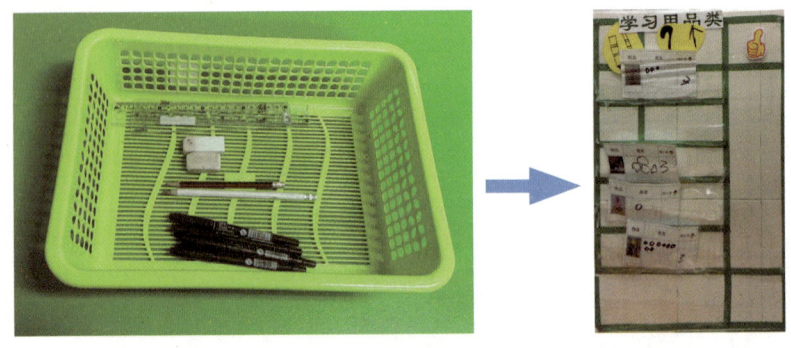

③橡皮、铅笔是属于哪一类商品？要摆在哪个货柜上呢？

2.统计各类货物数量，填写进货单。

①记一记超市当天都进了什么商品。 　　②算一算当天进了多少货。

【我们的收获】

在"货品上架"游戏里，我们认识了很多食品、玩具、学习用品、生活用品等商品类别，学会了根据商品的用途、种类等不同特征来进行分类上架。我们还对每天采购的商品进行统计，并填写进货单，清楚地知道当天超市里都进了哪些货。

游戏二：开宝箱取购物单

【关键经验】

能运用相邻数、连续数、点数等相关数经验寻找正确的钥匙开宝箱。

【游戏准备】

宝箱、钥匙、购物单等。

【游戏过程】

①算出宝箱锁题目的答案。

②找到对应钥匙，试试看能不能打开宝箱。

③打开宝箱获得购物单。如果打不开，就说明找错钥匙了，要重新找。

【我们的收获】

在"开宝箱取购物单"的游戏中，我们学会根据宝箱上连续数、相邻数、点数等数经验，判断并算出宝箱锁题目的答案，找到相对应的钥匙打开宝箱。

游戏三：配货

【关键经验】

能根据购物单信息，学会运用计数的数经验完成配货。

【游戏准备】

购物单、各种商品、购物篮等。

【游戏过程】

①取出购物单后，看看购物单上都写着哪些东西。

②根据购物单上的信息挑选商品。

中班 95

【我们的收获】

在"配货"游戏中,我们学会将购物单上的商品先进行分类,再根据不同商品的数量进行统计。我们还开展比赛,和小伙伴比比看谁能又快又准地挑选好商品。

游戏四:送货

【关键经验】

能根据购物单上的房间号等信息,运用序数经验送货上门。

【游戏准备】

订购房间架等。

【游戏过程】

①购物单上写的是202房间。找一找,第二层第二间在哪里呢?

②202房间是在这里吗?我送对了吗?

【我们的收获】

在"送货"游戏中,我们变成了能干的送货工作人员。我们学会看房间号,能找到顾客是住在第几层第几间的"房间",准确无误地把商品送到顾客的"家"中。每一次成功的送货,我们都觉得自己很能干。

六、游戏拓展

我们还想这样玩

游戏拓展	玩法拓展
电话解码	算出购物单上收货人的电话号码。
跑腿公司	1. 根据订单,填写信息。 2. 计算单价、总价,送货,向顾客收钱。
解码领奖	破译密码领奖。

拓展游戏一:电话解码

【关键经验】

能运用计数经验算出电话号码。

【游戏准备】

增加电话号码的购物单、手机等。

【游戏过程】

①算出购物单上的电话号码。　　②打个电话确认下,电话号码算对了吗?

【我们的收获】

在"电话解码"的游戏中,我们学会运用计数经验算出购物单上收货人的电话号码,当确认电话那头的客人就是我们购物单上的收货人时,我们就会特别开心地前往送货。

中班　97

拓展游戏二：跑腿公司

【关键经验】

运用分类、统计、排序、序数、计数等数学经验配送物品。

【游戏准备】

纸、笔、各种物品等。

【游戏过程】

1. 根据代购订单，进超市采购物品并填写信息。

①填写客人需要代购的订单信息。　　②拿着订单，去超市采购。

2. 计算物品单价、总价，送货并向顾客收钱。

①记下每件物品的单价。　　②算出总价。

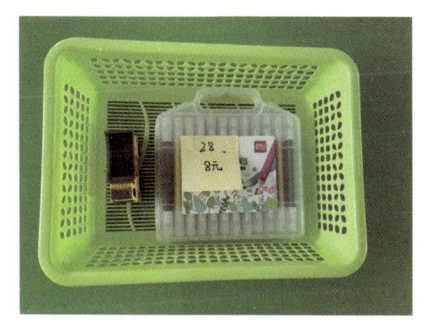

③送货上门，收钱。

【我们的收获】

在"跑腿公司"游戏中，我们变成了能干的跑腿师傅。我们学会根据订单信息进行采购，还学会用计数、统计等方法算出每件物品的价格，以及顾客应该付给我们的费用。同时，我们也能根据顾客留下的房间号信息，运用序数的经验，快速找到顾客的地址。每次成功地把物品交到顾客手里时，我们都很开心！

拓展游戏三：解码领奖

【关键经验】

运用图形对应的经验进行领奖游戏。

【游戏准备】

密码箱、钥匙、奖品等。

【游戏过程】

①成功送出5份物品到相应房间，获得一次领奖机会。

②找到奖品箱，破译奖品箱上的密码，找到钥匙就能打开奖品箱领取奖品。

③奖品是可爱的小车哟！

【我们的收获】

"解码领奖"的游戏太有趣了！我们只要5次都能成功地将物品送到顾客"家"中，就可以去玩一次"解码领奖"的游戏，通过图形对应的方法破译奖品箱上的密码，找到对应钥匙就能打开奖品箱，领到奖品。

七、教师指导

教师基于幼儿的生活经验，追随幼儿的游戏兴趣与需要生成"乐购超市"的情景游戏，以"乐购超市"的情景为壳，巧妙融入分类、统计、排序、计数等知识，让幼儿在玩中学，学中玩，从而建构丰富多元的有益经验。在游戏进程中，教师追随幼儿不断出现的新问题、新需要，推动幼儿生出"跑腿公司""解码领奖"等有趣的、高质量的游戏，让幼儿迁移运用已有的生活经验、数学经验，进一步探索、学习，进一步建构层级分类、加减运算、序数等丰富的数学经验，较好地实现了游戏、课程与发展三者的协调统一。

9. 甜品小站

适用对象：中班

一、情景生成

在游乐园玩的孩子们突发奇想，他们提出游乐园应该配备很多的美食让客人点餐，很多小伙伴们都有此生活经验，大家纷纷赞同，并围绕怎样为游乐园准备美食展开了讨论。

于是，一个由孩子们自己筹建的"甜品小站"应运而生了。

二、调查访问

甜品小站里有哪些美食呢？

幼1：我去过的甜品屋有香喷喷的爆米花，可好吃啦！

幼2：有水果串，一串一串的，好看极了。

幼3：我去甜品屋吃过棉花糖，绵绵的，甜甜的。

幼4：有很多口味的糖果。

幼5：还有水果拼盘，用很多水果拼成船的样子，很好看。

幼6：在甜品屋，我还喝过新鲜的果汁，真好喝！

幼7：那里还有好吃的布丁呢！

三、游戏策划

我们想这样玩

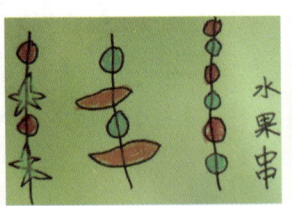

棉花糖　棒棒糖　水果串　爆米花

水果拼盘　薯片　榨果汁　珍珠奶茶

我们要制作各种各样的美食。

四、游戏导航

情景游戏	玩法预设
彩虹棒棒糖	1. 将糖熬煮成浆。
	2. 利用模具制作棒棒糖。
缤纷水果串	1. 使用不同的工具削果皮、切水果。
	2. 按规律串水果。
制作棉花糖	1. 用白砂糖制作棉花糖。
	2. 用不同种类的糖尝试制作棉花糖。
脆香爆米花	尝试制作爆米花。

五、游戏实录

游戏一：彩虹棒棒糖

【关键经验】

1. 了解棒棒糖的制作方法，练习搅拌、倒模、按压等生活技能。
2. 感知糖的溶化与凝固等科学现象，尝试自主解决游戏过程中出现的问题。

【游戏准备】

锅、白糖、模具、电磁炉等。

【游戏过程】

1. 煮糖初体验。

①把温度调高，将白糖放置锅中翻炒。　　②问题出现了：白糖熬焦了。

我的猜想：为何会失败？是因为没有搅拌白糖、锅的温度太高，或者是没有加水？

2. 第二次探索。

这一次，我们把温度调低了，同时注意把白糖摊开搅拌，我们终于成功地制作出了糖浆！

中　班　103

3. 分享制作棒棒糖流程图。

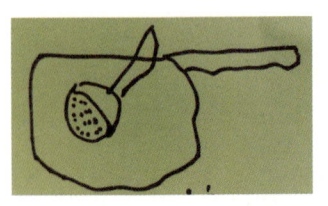

①倒入白糖。
②小火加热。 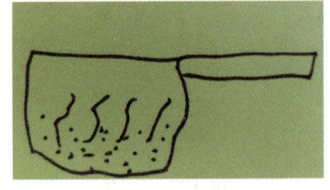
③朝一个方向搅拌白糖，等待糖溶化。 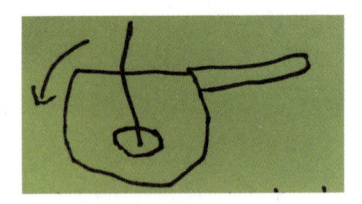
④把溶化的糖浆倒入模具一半深度。 
⑤放上棒，再倒入另一半糖浆。 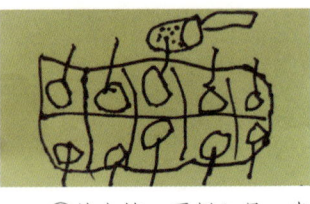
⑥放凉，等待糖浆凝固。 

【我们的收获】

棒棒糖出炉了！我们由此研发出了棒棒糖制作流程图，贴到区域墙面上和小伙伴们分享。大家到生活区的时候就可以看图学习制作棒棒糖了。

游戏二：缤纷水果串

【关键经验】

1. 运用剥、削、切等技能处理水果，尝试运用排序经验按一定的规律串水果串。
2. 在制作中增进对水果的认识，感受制作的乐趣，体验和同伴分享的快乐。

【游戏准备】

去皮器、刀、剪刀、球形勺、手摇削皮器、各种瓜果等。

【游戏过程】

1. 使用不同工具削果皮、切水果。

①用手剥皮。
②用手摇削皮器去皮。 
③用去皮器去橙皮。

④用刀切瓜果。 　　　　⑤用球形勺取出果肉。 　　　⑥用剪刀把葡萄一粒粒剪下来。

2. 用竹签按规律串水果。

【我们的收获】

我们学会了使用各种工具处理水果，学会了剪、挖、切、剥等技能，还能按形状、颜色、种类的不同将各种水果有规律地串起来。

游戏三：制作棉花糖

【关键经验】

1. 在操作、观察、比较中发现各种糖的特性。
2. 探索制作棉花糖，体验劳动的乐趣。

【游戏准备】

棉花糖机、各种糖、竹签等。

中　班　105

【游戏过程】

1. 第一次探索：用白砂糖制作棉花糖。

①在棉花糖机中加入白砂糖。　　②卷棉花糖。　　③成型。

2. 第二次探索：用不同种类的糖尝试制作。

①将有弹性的QQ糖放入棉花糖机中，QQ糖不仅没有像白砂糖那样在机器里出现拉丝的现象，反而出现了糖丝附着在机器壁上的现象。

②水果软糖可以用来制作有水果味的棉花糖吗？这个想法也行不通，水果软糖遇到热就变黑变焦了。

③用红糖拉丝也不成功。

④用硬糖终于让我们体验到了成功的快乐。

【我们的收获】

我们发现，能制作出棉花糖的材料是白砂糖、硬糖，其他糖很难拉丝。

游戏四：脆香爆米花

【关键经验】

1. 自主探究制作爆米花的方法，能主动寻求多种解决问题的办法。
2. 发展摇、舀等操作技能，提升生活能力。

【游戏准备】

白砂糖、爆米花机、黄油、玉米粒等。

【游戏过程】

1. 第一次探索。

①锅加热，放入黄油。　　②放入玉米、白糖。　　③爆米花焦了，制作失败了。

我的猜想：制作失败的原因很多，可能是锅的温度太高了，也可能是加热时间太久了。

2.调整制作方法,进行第二次探索。

①先加热锅,放入黄油、玉米,使米花膨胀。

②再加入糖,轻轻地摇晃锅。

③让糖与米花融合,脆香爆米花制作成功啦!

【我们的收获】

在"脆香爆米花"游戏中,我们发现了糖的很多小秘密。糖遇热就变成黏稠的液体,再加热就变成焦糖色,又黑又苦。所以制作爆米花不能一开始就加入糖,应该在米花成型后再加入。

六、游戏拓展

我们还想这样玩

游戏拓展	玩法拓展
制作多味棒棒糖	1.在糖浆中加入果汁等制作棒棒糖。
	2.制作多种口味的棒棒糖。
让水果不变黄	1.将水果分别浸泡在盐水、苏打水、柠檬水中。
	2.观察水果的氧化情况。
制作彩色棉花糖	1.制作多种颜色的砂糖。
	2.用彩色砂糖制作彩色棉花糖。

拓展游戏一:制作多味棒棒糖

【关键经验】

1.探究制作多种口味棒棒糖的方法,体验成功的快乐。

2.观察比较不同材料、方法做出的棒棒糖,感知不同糖的溶化现象。

【游戏准备】

果汁、果肉、果味粉、QQ糖、黑糖、珊瑚糖、牛奶糖等。

【游戏过程】

1. 第一次探索：在熬好的糖浆中加入不同材料制作棒棒糖。

①加入鲜榨的果汁。　　　②加入果味粉。　　　③倒入模具，加入果肉。

2. 第二次探索：制作不同口味的棒棒糖。

①用珊瑚糖做棒棒糖。

②用黑糖做棒棒糖。

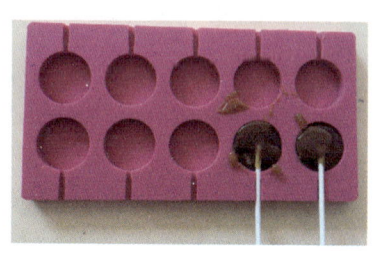

③用QQ糖做棒棒糖。

中班　109

④用牛奶糖做棒棒糖。

【我们的收获】

用不同的糖熬制出来的糖浆都能制作成棒棒糖，这样，我们的棒棒糖口味就更加丰富啦！

拓展游戏二：让水果不变黄

【关键经验】

1. 探索让切好的水果不氧化、不变黄的多种方法。

2. 乐于与同伴交流分享探索的结果。

【游戏准备】

盐、食用小苏打、柠檬水、苹果、盆、刀具等。

【游戏过程】

①将切好的苹果泡在盐水中。 　　②挤出柠檬汁做柠檬水用来泡苹果。 　　③在水里加点食用小苏打泡苹果。

【我们的收获】

我们发现,将水果放置在盐水、柠檬水、苏打水中浸泡都能防止水果氧化变黄哟!

拓展游戏三:制作彩色棉花糖

【关键经验】

1. 探索用天然色素制作彩色棉花糖。
2. 能积极动脑筋解决问题,收获成功的快乐。

【游戏准备】

各种水果、白砂糖、榨汁机等。

【游戏过程】

1. 制作彩色砂糖。

① 用榨汁机榨汁,提取不同颜色水果中的色素。 　② 将色素倒入白砂糖中。 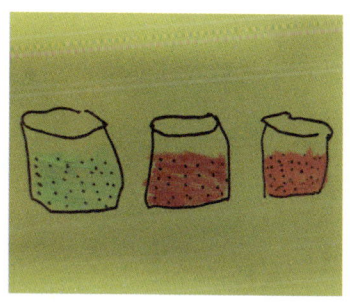　③ 让白砂糖变成五颜六色的糖。

④ 彩色的砂糖做好了。

2. 用彩色砂糖制作棉花糖。

棉花糖变色啦!

【我们的收获】

我们发现,提取瓜果中的色素加入白砂糖,可以让白砂糖变成五颜六色的,这样的天然色素不仅让糖的颜色变得美美的,而且吃了不会影响身体健康哟!

七、教师指导

教师敏锐地觉察到幼儿的兴趣点,生成了"甜品小站"游戏,充分挖掘其潜在的教育价值,与生活区有机融合,让幼儿在"甜品小站"的情景里以甜品研发师的身份制作棒棒糖、棉花糖、爆米花等幼儿喜爱又熟悉的甜品。在整个游戏过程中,教师追随幼儿的游戏进程,以幼儿的问题为生长点,富有智慧地推动幼儿生发了"制作多味棒棒糖""让水果不变黄""制作彩色棉花糖"等活动,让幼儿发展了洗、削、切、煮等生活技能,并增进了对电磁炉、平底锅、棉花糖机等厨房工具的认知,同时增强了劳动意识。

大 班

10. 游乐园

适用对象：大班

一、情景生成

游乐园是孩子们很熟悉的生活情境，也是他们特别喜欢去的地方之一。基于孩子们的兴趣和生活经验，我们将游乐园的娱乐项目引入区域游戏，"游乐园"的游戏之旅也随即开始……

二、调查访问

游乐园里有什么？

幼1：我在迪士尼乐园看到了花车，有很多的造型。

幼2：我还玩了小矮人过山车，绕来绕去的，太刺激了！

幼3：我和妈妈上网查到游乐园还有射击气球的游戏，还可以兑换礼物呢。

幼4：我在游乐园的APP上看到还有很多美食店，有棉花糖、饼干，还有我最喜欢的饮料。

三、游戏策划

我们想这样玩

① 射击杯子。 　　② 射击气球。 　　③ 兑换奖品。 　　④ 玩过山车。

⑤ 做饮料。 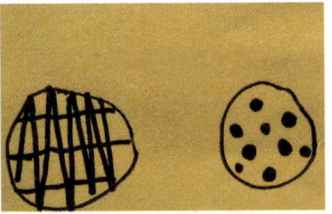　　⑥ 做饼干。 　　⑦ 做棉花糖。 　　⑧ 制作花车。

四、游戏导航

情景游戏	玩法预设
射击大赛	1. 转动转盘,算出子弹数,领取吸盘子弹。
	2. 玩射击游戏,计算总分。
	3. 兑换相应金额钱币,换购奖品。
过山车	1. 设计过山车轨道。
	2. 搭建过山车轨道。
米大厨美食屋	1. 制作各种美食。
	2. 包装美食。
	3. 设计兑餐券。

情景游戏	玩法预设
制作花车	1.制作花车外形。
	2.装饰不同主题的花车。
	3.制作能动的花车。

五、游戏实录

游戏一：射击大赛

【关键经验】

1.运用统计、相邻数、加减运算、序数、顺数、倒数等数经验参与射击游戏，体验竞赛性游戏的快乐。

2.认识并学习使用钱币，尝试计算自己比赛得分并兑换奖品。

【游戏准备】

转盘、序数板、气球、奖品兑奖区、兑奖清单、积分券、钱币、标价牌、纸杯、吸盘子弹、玩具枪等。

【游戏过程】

1.转动转盘，根据提示找到序数板，算出子弹数，领取吸盘子弹。

①我转到了"三"和"2"，可以换取几颗吸盘子弹呢？

②我领到了6颗吸盘子弹。

2. 记录两轮射击得分，计算总分。

①第一轮：射击杯子游戏。　②第二轮：射击气球游戏。　③算出总共获得几分。

3. 根据总分兑换相应金额钱币，用钱币换购奖品。

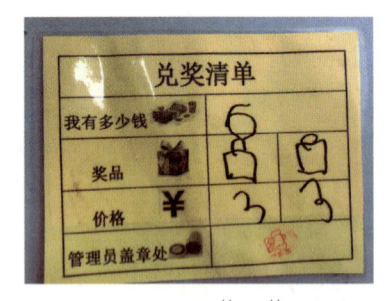

算一算，6元可以换购什么奖品？

【我们的收获】

在"射击大赛"游戏里，我们积累了顺数、倒数、序数、加减运算、统计等数经验；还学会了使用钱币，换购了很多奖品哟！

游戏二：过山车

【关键经验】

1. 喜欢参与科学探究活动，乐于探索材料的多样玩法，尝试对现有工具进行再创造。

2. 能自主选择材料进行游戏，尝试搭建不同坡度、造型的过山车轨道。

3. 探究飞越断层轨道的不同搭建方法，比较不同材质、重量、大小的球与飞越高度和速度的关系。

118　幼儿园情景式区域游戏——从课程游戏化到游戏课程化

【游戏准备】

线槽和水管，不同大小、重量的球，扁嘴夹，长尾夹等。

【游戏过程】

1. 设计过山车轨道。

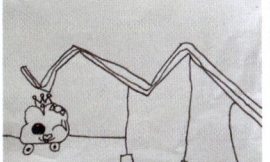

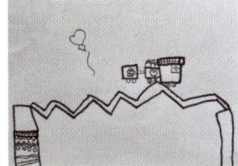

我们设计的过山车轨道图

2. 探索用不同材料组合搭建过山车轨道。

①我们尝试用不同材料搭建不同坡度的轨道。

②用各种材料作为支撑物，让球成功飞越断层。

【我们的收获】

在"过山车"游戏里，我们像一群小小工程师，设计了不同的过山车轨道图；还尝试用线槽、椅子、水管等材料搭建不同坡度且造型各异的过山车轨道。在探究飞越断层的游戏过程中，我们还发现球的材质、重量、大小都会影响其飞越断层的速度。

游戏三：米大厨美食屋

【关键经验】

1. 体验自己动手制作美食的乐趣，感受成功的快乐。

2. 能根据流程图制作棉花糖、蛋挞、饼干等甜品，积累搅拌、绕等技能。

3. 尝试用不同的材料和方法包装不同的美食，积累包装的经验。

【游戏准备】

蛋、面粉、淡奶油、牛奶、炼乳、白砂糖、烤箱、榨汁机、封口机、裱花袋、蛋清分离器、面粉筛、电子秤、蛋挞皮等。

【游戏过程】

1. 讨论并制订蛋挞等甜品制作配方表，尝试制作各种美食。

①蛋挞液配方表。　　②过筛面粉。 　　③按配方称量淡奶油、牛奶、白砂糖、炼乳等。

④用蛋清分离器分离出蛋黄。

⑤把以上材料搅拌均匀装入蛋挞皮,放入烤箱,设置好时间和温度就可以了。 　　⑥做饼干。 　　⑦做棉花糖。 　　⑧做果汁饮品。

2. 探索用不同的材料和方法包装不同美食。

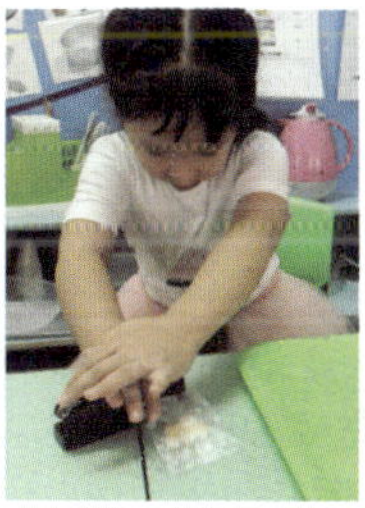

①我们尝试用封口机、订书机给包装袋封口。  　　②绑个蝴蝶结可以让包装袋更漂亮哟!

3. 设计游客兑餐券,根据券上的时间和美食数量为顾客兑换美食。

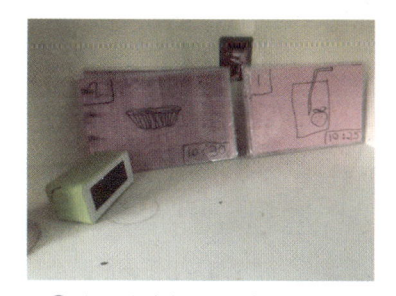

①看一看兑餐时间到了没有。 　　②时间到了,可以持兑餐券来兑换了。

【我们的收获】

在"米大厨美食屋"里,我们化身成大厨师,成功制作出了蛋挞、饼干、棉花糖、果汁等美食,我们还会用不同的材料和工具将包装袋包装得漂漂亮亮的。在兑餐游戏里,我们还学会了看餐券上的时间,按时兑换美食。

大班　121

游戏四：制作花车

【关键经验】

1. 尝试用低结构材料进行创作，感受艺术创作带来的乐趣。

2. 综合运用切割、裁剪、围合、粘贴、捆扎等美工技能制作花车。

3. 能积极探索让花车动起来、让灯亮起来的方法。

【游戏准备】

纸皮、颜料、线轴、拉花、雪点纱、泡面盒、光盘、羽毛、仿真叶、水管、万向轮等。

【游戏过程】

1. 制作花车外形。

将纸皮切割、裁剪、围合、粘贴、捆扎，制作成花车的外形。

2. 综合运用彩绘、撕贴、涂染等方法设计和装饰不同主题的花车。

①用雪点纱、颜料装饰"公主"主题花车。

②用仿真叶、光盘、羽毛等材料装饰"海洋"主题花车。

3. 制作能动的花车。

在花车下方装上线轴、水管、万向轮等。瞧！我们的花车动起来了！

【我们的收获】

我们将纸皮进行切割、裁剪、围合、粘贴、捆扎，制作成花车的外形；运用彩绘、撕贴、涂染等方法装饰出"公主"花车、"英雄"花车、"海洋"花车；还利用水管、万向轮、线轴等材料成功地让花车动起来了。我们的花车表演即将开始啦！

六、游戏拓展

我们还想这样玩

游戏拓展	玩法拓展
游乐园灯光秀	1. 让灯亮起来。
	2. 让灯光变色。
	3. 让灯光变形。
	4. 让灯光动起来。
	5. 布置游乐园灯光秀。
花车表演	1. 制订花车表演节目单。
	2. 给演员化妆、布置表演场地。
	3. 制作舞美效果。
	4. 进行花车表演。

拓展游戏一：游乐园灯光秀

【关键经验】

1. 探索电池的正确安装方法，尝试让灯亮起来。

2. 探索借助不同辅助材料让灯光变色、变形。

3. 尝试为游乐园布置灯光，探索射灯、地灯、顶灯等的安装方法。

【游戏准备】

不同型号电池、手电筒、水晶球、电子元器件、卡纸、水晶半球罩、透光纸、各种灯、塑料杯、遥控机器人、遥控汽车、小风扇等。

【游戏过程】

1. 让灯亮起来。

①大手电筒用大号电池，小手电筒用小号电池。

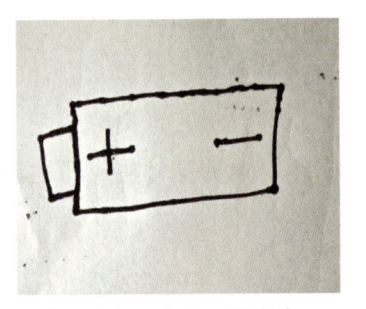

②电池有正负极，要分清。

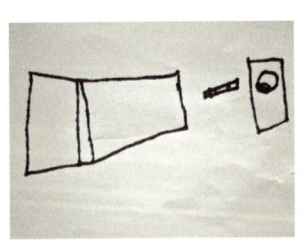

③正极朝内，负极朝弹簧。

④开始组装电池。

⑤用电线连接灯泡。

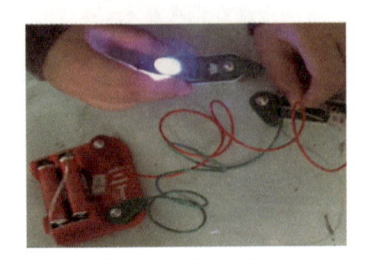

⑥灯泡亮起来了。

2. 用不同的材料让灯光变色。

①将黄色杯子罩住灯可变出黄色灯光。 　　②用绿色透光纸遮挡住灯可变出绿色灯光。

3. 用不同的材料让灯光变形。

①透过水晶球，灯光变成了星星形。 　　②将手电筒镜面遮挡住一部分，灯光变成了扇形。 　　③透过水晶半球罩，灯光变出了星星点点。

4. 用不同的方法让灯光动起来。

①借助风扇能让灯光转动起来。 　　②将灯绑在遥控机器人上，灯光能跟着机器人动起来。 　　③将灯装在遥控汽车上，开动遥控汽车也能让灯光动起来。

大班　125

④快来看看我们设计的灯光效果吧!

5. 布置游乐园灯光秀。

①借助支撑物,让灯光照射在游乐园的各个地方。　　②顶灯悬挂在空中。

③挂在墙顶的射灯。　　④布置地灯。　　⑤放在墙后面的柱灯。

⑥按"蓝—白—蓝—白—蓝—白"的颜色规律摆放灯光。

⑦按"闪—不闪—闪—不闪"的规律摆放灯光。

【我们的收获】

在"游乐园灯光秀"的游戏中，我们学会了组装电池，连接简单电路。我们发现了很多让灯光变形、变色、动起来的好方法，还知道了舞台灯光有射灯、地灯、顶灯等。我们通过改变灯光方向、灯光位置等方法进行布置。

拓展游戏二：花车表演

【关键经验】

1. 积极地和同伴合作制订节目单并创编表演剧目。
2. 能选择合适的服装和装饰物装扮角色，创编表演动作自信大方。
3. 能与同伴分工、合作，创造性地选择合适的材料设计和装饰舞台。
4. 能自主探究制作花车表演需要的泡泡、烟雾等舞美效果。

【游戏准备】

镜子、脸彩棒、道具树、干冰、万通板、洗洁精、胶水、白糖、洗手液、洗衣粉、花环、表演服、花车等。

【游戏过程】

1. 讨论花车表演的节目内容并制订节目单。

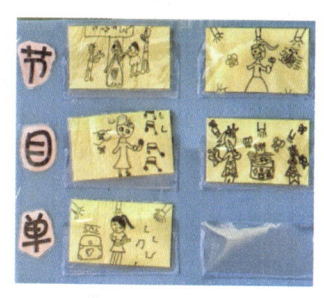

①制订节目单。

②自编表演剧目《白雪公主》。

大班 127

2. 给演员化妆、布置表演场地。

①化妆。 　　　　　　②换服装。 　　　　　　③组装花车。

④调试音乐。 　　　　　　⑤布置场地。

3. 用不同的材料制作烟雾、泡泡等舞美效果。

①干冰放入水中会冒出白色烟雾。 　　②用力扇动万通板，烟雾就会向四周散开。 　　③用风扇对着烟雾吹，烟雾就散开了，既轻松又便捷。

④用洗手液、洗洁精或洗衣粉可以调制出泡泡水,但吹出的泡泡容易破。

⑤再加入胶水或者白糖,吹出的泡泡不易破。

⑥用上这些工具,我们制作的泡泡水既能吹出很多泡泡,又省力。

4. 根据节目单进行花车表演。

加入舞美效果，我们的表演太梦幻了！

【我们的收获】

在"花车表演"游戏中，我们学会了在表演前协商、交流，制订表演节目单，让小伙伴们更有计划地合作开展游戏。我们开心地排练节目、布置场地、化妆、换装，还学会使用电脑播放音乐。我们还通过科学实验，制作出烟雾、泡泡等舞美效果，让我们的花车巡演更梦幻。

七、教师指导

教师追随孩子们的兴趣和生活经验，将游乐园的娱乐项目引进区域游戏，与幼儿共同展开调查访问及讨论活动，共同制订"游乐园"情景游戏方案。教师对游乐园"射击大赛""过山车""米大厨美食屋""制作花车"等娱乐项目潜在的教育价值进行深入辨析，巧妙地融入与大班幼儿相适应的学习目标，让幼儿在快乐游戏中自主寻找学习的支点。幼儿尝试运用相邻数、加减运算、序数、顺数、倒数等数经验参与射击游戏；尝试搭建不同坡度、造型的过山车轨道，探究飞越断层轨道的不同搭建方法，比较不同材质、重量、大小的球与飞越高度和速度的关系；探索借助不同辅助材料让灯光变色、变形，探索射灯、地灯、顶灯的安装方法；探究制作泡泡、烟雾等舞美效果。幼儿获得了丰富多元的跨领域经验，同时养成了大胆尝试、勇于探索等优秀的学习品质。

11. 毕业典礼秀

适用对象：大班

一、情景生成

四月初，毕业的时刻悄悄临近，大班的孩子们在拍摄毕业照时，热闹地议论着"拍完毕业照表示我们要毕业了""毕业时还要有毕业典礼""我参加过哥哥姐姐的毕业典礼，他们表演了很多节目""我也想要参加毕业典礼，可以跟大家一起唱歌、跳舞"……几个孩子的讨论扩展成了全班小朋友的热议话题。于是，一个由孩子们自己策划、筹备的"毕业典礼秀"情景游戏诞生了……

二、调查访问

办一场"毕业典礼秀"需要准备什么呢？

幼1：我参加过姐姐的毕业典礼，典礼需要一个大舞台，还要有好看的舞台背景。

幼2：我回家问了哥哥，他说毕业典礼需要提前排练好节目。

幼3：我和妈妈上网查到，舞台上的灯光有很多种，对演出很重要。

幼4：上一次我和爸爸去看演出，观众需要按照门票上的座位号入座，我们也要安排观众席和门票。

幼5：毕业典礼上的演员需要漂亮的服装和道具。

三、游戏策划

我们想这样玩

①节目选拔。 　②设计舞台背景。 　③设计舞台灯光。 　④制作演出服饰。

⑤安排观众席。 　⑥排练魔术节目。 　⑦设计帽子、配饰。 　⑧设计门票。

四、游戏导航

情景游戏	玩法预设
节目筹划	1."毕业典礼秀"节目海选。
	2.制订节目单。
	3.自主排练节目。
舞美设计	1.搭建表演舞台。
	2.设计舞台背景。
	3.制作T台的鲜花路引。
灯光布置	1.设计舞台灯光布置方案。
	2.设计舞台多样灯光。

情景游戏	玩法预设
订制演出服饰	1. 给演员量尺寸。
	2. 制作各式演出服。
	3. 设计配饰、道具等。
设置观众席	1. 设计观众席座位图。
	2. 安排观众席座椅。
	3. 设计门票。
演员化妆间	1. 设计合适的发型。
	2. 为演员化妆。

五、游戏实录

游戏一：节目筹划

【关键经验】

1. 通过自我展示，或与同伴合作的方式进行大胆表演，积极参加海选活动，体验表演带来的乐趣。

2. 积极地与同伴协商讨论"毕业典礼秀"节目，并制订出合适的节目单。

3. 会对自己或同伴的表演进行评价，并给予适当的点赞。

【游戏准备】

服装、道具、点赞榜等。

【游戏过程】

1. 开展节目海选活动。

①优美的舞蹈。 　　　　　　　　②二人组合唱。

③独唱一首好听的歌。　　④独创的"水管敲击乐"。　　⑤最靓的仔。

2. 讨论制订节目单。

毕业典礼节目单新鲜出炉啦!

3. 各节目组讨论节目表演方案并自主排练。

①杂技表演。

134　幼儿园情景式区域游戏——从课程游戏化到游戏课程化

②神秘的魔术表演可以留点悬念。

③精彩的走秀。

④超级泡泡秀。　　　　　　　⑤排好队形进行诗朗诵。

⑥给精彩的节目点赞。

大　班　135

【我们的收获】

在"节目筹划"游戏环节中,我们可以选择自己喜欢的节目、自己喜欢的方式表演,非常开心!我们通过点赞、协商的方法,制订出了我们的节目单。为了让演出时间安排更合理,我们还在节目单上标记出了演出开始的时间。我们真的是越来越能干啦!

游戏二:舞美设计

【关键经验】

1. 尝试运用纸箱、积塑、积木等材料搭建表演舞台。
2. 综合运用彩绘、撕贴、涂染等美工技能设计舞台背景。
3. 运用彩绘、涂染、裁割、拼贴等技能,设计T台的鲜花路引等,并合作布置舞台。

【游戏准备】

积塑、积木、板材、颜料、美工工具、卷尺等。

【游戏过程】

1. 搭建表演舞台。

①测量T台的大小。　　②剪裁并铺上合适的红地毯。　　③用积塑搭建T台围栏。

2. 设计舞台背景。

①试一下流体画背景。　　②甩点颜料做"星光"效果。

③舞台布置好啦！

3. 制作鲜花路引。

①先画出花形，再用刻刀切割。　　②将上色的"鲜花"拼插固定。

【我们的收获】

在"舞美设计"游戏环节中，我们用了不同材料尝试布置舞台。为了剪裁出最合适的T台红地毯，我们还学会了运用卷尺、绳子等工具测量。在制作舞台背景的过程中，我们不仅学会了彩绘，还学会了画流体画，用颜料流出的画面真的是太美啦！我们还一起设计、裁割、彩绘、拼插鲜花，舞台被我们布置得十分漂亮！

游戏三：灯光布置

【关键经验】

1. 了解舞台灯光，讨论制订舞台灯光布置方案。
2. 迁移已有经验，搜集各种材料为舞台布置多样灯光。

【游戏准备】

荧光棒、手电筒、射灯、电池、梯子等。

大 班　137

【游戏过程】

1. 制订舞台灯光布置方案。

一起讨论制订舞台灯光布置方案。

2. 布置舞台灯光。

①先来挂顶灯,扶好梯子,注意安全。

②合作铺地灯。

③先试试追光灯的效果。

【我们的收获】

在"灯光布置"游戏环节中,我们发现,舞台灯光的种类包括顶灯、地灯、追光灯、造型灯等等,它们不仅仅为表演场景营造浓厚的氛围,还可以让演出画面变出不同的色彩。我们还知道了不同种类的灯适合布置在舞台的不同方位。多彩的灯光把"毕业典礼秀"的舞台布置得更加绚丽了。

游戏四:订制演出服饰

【关键经验】

1. 能大胆运用多种材料制作帽子、配饰等,体验动手的快乐。
2. 尝试运用画、染、剪、缝、夹等多种技能制作演出服,发展创造能力。

【游戏准备】

塑料袋、缎带、珠子、发箍、发夹、软尺、纸袋等。

【游戏过程】

1. 给演员量尺寸。

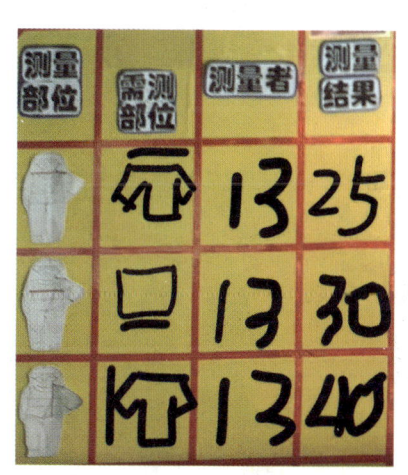

①给小演员量一量尺寸。　　②登记小演员的衣服尺寸。

2. 制作各式演出服。

①制作环保时装。

②彩绘T恤。

③制作纸袋动漫装。

④用扎染的方法制作民族服装。

⑤用多种材料设计动漫服装。

3. 设计配饰、道具等。

①用各种珠子串项链。　　　　　②演员的项链做好啦！

大班 141

③先绑毛线。 　　　　　　　④再贴纽扣。 　　　　　　　⑤毛球发箍做好啦！

⑥制作多种多样的配饰与道具。

【我们的收获】

在"订制演出服饰"游戏环节中，我们学会用测量的方法为演员量身定做最合身的表演服装；我们还会熟练地用穿、粘、绑等方法制作多种配饰，把演员打扮得漂漂亮亮的。

游戏五：设置观众席

【关键经验】

1. 根据表演场地大小合理设置观众席，并绘制观众席座位图。
2. 根据观众席座位图摆放座椅，运用序数经验张贴座位牌。
3. 调动序数、时间等经验，大胆设计门票。

【游戏准备】

座位牌号、笔、纸等。

【游戏过程】

1. 设计观众席座位图。

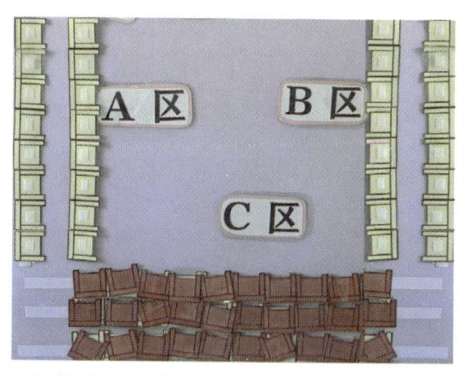

根据表演场地大小设计观众席座位图。

2. 安排观众席座椅。

先排好座椅，再给座位贴上对应的座位牌号。

3. 根据观众席座位数设计门票。

设计"毕业典礼秀"专属门票。

大班 143

【我们的收获】

在"设置观众席"游戏环节里,我们设计了专属的"毕业典礼秀"门票,知道了门票需要涵盖时间、地点、座位号等信息;我们学会了根据空间场地大小、舞台方位布局合理设置观众席区域,并分工合作绘制了观众席座位图;还学会了运用序数经验张贴观众席座位牌号,让每位观众都能找到自己的座位。

游戏六:演员化妆间

【关键经验】

1. 尝试运用梳、盘、捆、编等方法,大胆为演员设计合适发型,配上发饰。
2. 了解简单的化妆程序,尝试根据演员服饰及表演内容为演员化妆。

【游戏准备】

各种发饰、化妆品等。

【游戏过程】

1. 为演员设计发型。

①马尾辫扎起来。  ②辫子卷起来。  ③丸子头盘起来。

④麻花辫编起来。  ⑤分节辫子捆起来。  ⑥戴上发饰。

2. 为演员化妆。

① 面霜擦脸。 　　　　②扑上粉底。 　　　　③画上眼影。

④扫点腮红。 　　　　⑤涂上口红。 　　　　⑥惊艳亮相！

【我们的收获】

在"演员化妆间"游戏环节，我们不仅学会用梳、盘、扎等方法为演员们设计各种合适的发型，还会根据服装为她们搭配上漂亮的发饰。在化妆的环节中，我们学会了化妆的基本步骤。瞧，我们的小手越来越能干啦！

六、游戏拓展

我们还想这样玩

游戏拓展	玩法拓展
竞选毕业生代表	1. 绘制毕业生演讲稿。 2. 毕业生代表竞选。
网上售票	开展网上售票活动，统计当日售出门票数。

游戏拓展	玩法拓展
制作化妆台	1. 制作固定化妆台。
	2. 制作移动化妆台。

拓展游戏一：竞选毕业生代表

【关键经验】

1. 运用简单的符号、图示等表达方式，有条理地绘制自己的毕业生代表演讲稿。
2. 与同伴协商竞选规则，制订评选标准，开展竞选活动。
3. 大胆参与毕业生代表竞选，有感情地演讲自己的毕业感想。

【游戏准备】

纸、笔、音响设备等。

【游戏过程】

1. 竞选准备。

①绘制自己的毕业生代表演讲稿。 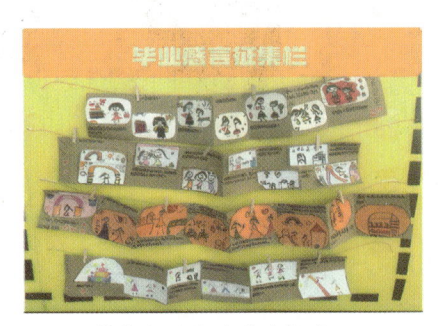　②将自己的演讲稿投稿。

2. 竞选演讲。

①声情并茂地演讲。 　②我想对老师说，你们教会我很多知识。 　③我想对阿姨说，谢谢您给我们煮营养又健康的饭菜。

④我想对跟我一起玩耍、一起唱歌跳舞的小伙伴们说，谢谢你们陪我度过幼儿园的美好时光！

⑤我想对弟弟妹妹说，幼儿园就像我们的家，这里有关心我们的老师和可爱的小朋友们。

⑥我祝老师们身体健康，工作顺利！

【我们的收获】

在"竞选毕业生代表"游戏环节中，我们用符号、图示来表述自己三年来的成长过程，表达自己对园长、老师、阿姨的感谢，画出自己对幼儿园的不舍，我们的画笔就是我们的语言。我们还讨论出了竞选规则、演讲稿不仅要画得好，内容要丰富，选手还要会声情并茂地讲出来。真是太有挑战性啦！

拓展游戏二：网上售票

【关键经验】

1. 运用排除法，计算每日网上售票情况。
2. 统计当日售出门票数量，计算当日票房收入。

【游戏准备】

售票记录表、座位卡、笔等。

【游戏过程】

记录每日网络售票情况，统计当日票房收入。

【我们的收获】

在"网上售票"游戏环节中,我们运用序数经验记录已售出门票座位,并运用排除法计算当日剩余门票。我们还学会了用目测群数的方式统计售出门票数量,计算当日票房收入。

拓展游戏三:制作化妆台

【关键经验】

1. 尝试利用纸箱、积塑、水管等材料,运用裁割、拼贴等技能制作化妆台。
2. 运用彩绘、涂染、撕贴、喷涂、印染等美工手法装饰化妆台。

【游戏准备】

纸箱、积塑、水管、刻刀、颜料、镜子、胶枪等。

【游戏过程】

1. 制作固定式化妆台。

①给化妆台做隔断。　②把化妆台立起来。　③给化妆台做收纳格。

④给化妆台上色。　⑤给化妆台贴镜子。　⑥化妆台做好啦!

2. 制作移动化妆台。

①把纸皮折起来。　　②把化妆台立起来。　　③让化妆台动起来。

【我们的收获】

在"制作化妆台"游戏环节中，我们一起设计了自己喜欢的化妆台，用纸箱、积塑、水管等材料一起制作化妆台。在制作的过程中，我们学会了刻刀、胶枪的正确使用方法，学会了裁割、拼贴等技能，还学会了用彩绘、涂染、撕贴、喷涂、印染等方法装饰我们的化妆台。

七、教师指导

教师追随孩子们的游戏兴趣与需要及时生成"毕业典礼秀"的情景游戏，引导幼儿开展调查活动，引发关于毕业典礼的向往，并丰富其有关经验。教师与幼儿交流讨论、梳理，共同制订最适宜的"毕业典礼秀"的筹备方案，为毕业典礼做好各项准备；与幼儿共同创设"毕业典礼秀"的游戏情景，并将课程巧妙地融入游戏当中，让幼儿在玩中学，学中玩，建构了丰富多元的跨领域经验。在游戏进程中，教师针对幼儿在筹备典礼中不断出现的新想法、新创意、新问题、新需要，适时适度地为幼儿提供有效的支持与适宜的指导，有智慧地引导和推动幼儿游戏的发展，生发出"竞选毕业生代表""网上售票""制作化妆台"等一系列高质量、有价值的拓展游戏，实现游戏与课程的互生互长。

12. 城市快播

适用对象：大班

一、情景生成

车载广播是孩子们津津乐道的话题，孩子们经常聚在一起交流听到的各种信息，纷纷提出在语言区开设播报游戏，每日播报日常见闻。教师追随幼儿的这一热点，与孩子们共同创设了"城市快播"游戏情景，一个个能干的小主播就这样上岗了。

二、调查访问

播报需要做哪些工作？

幼1：我和妈妈在网上查看了演播室的视频，演播室里的播报节目有很多。

幼2：我看到电视上播的内容有很多，有新闻、天气预报、美食，还有少儿节目。

幼3：爸爸说，电视台里的记者很辛苦，很多时候还要外出采访。

幼4：我在电视上还看到了主持人用普通话、闽南话两种语言进行新闻播报。

三、游戏策划

我们想这样玩

①播报。 　　　　　　②外出采访。

③举行主持人大赛。 　　④给动画片配音。

四、游戏导航

情景游戏	玩法预设
城市节目播报	1. 绘制播报稿件。
	2. 用普通话和闽南话两种不同的语言进行播报。
我是小记者	1. 制订采访计划。
	2. 扮演记者外出采访。
金话筒大赛	1. 制订评选标准。
	2. 评选金话筒大赛的"顶呱呱播报员"。
给动画片配音	1. 讨论配音注意事项。
	2. 扮演角色给动画片配音。
	3. 讨论配音妙招。

大班 151

五、游戏实录

游戏一：城市节目播报

【关键经验】

1. 能根据不同栏目的播报内容绘制播报稿，积极参与播报游戏。
2. 大胆运用普通话、方言进行播报，享受播报游戏的乐趣。

【游戏准备】

纸、笔、话筒等。

【游戏过程】

1. 布置栏目背景，绘制播报稿件。

①播报栏目：新闻广角。　②播报栏目：天气预报。　③播报栏目：闽南美食。

④绘制日常见闻播报稿。　⑤绘制天气预报和美食播报稿。

2. 尝试用普通话和闽南话两种不同的语言进行播报。

【我们的收获】

播报游戏开启阶段,我们在小组商讨合作中确定了播报栏目,并布置了栏目背景,大家齐心协力完成了前期准备工作,这让我们初次体验到了团队的力量。在选择播报语言时,我们大胆尝试用方言播报,受到了小伙伴们的欢迎。

游戏二:我是小记者

【关键经验】

1. 了解小记者的工作内容,尝试制订采访计划,大胆外出采访。
2. 体验外出采访、播报的快乐。

【游戏准备】

话筒、纸、笔、文件夹等。

【游戏过程】

1. 制订采访计划。

①采访老师平时的工作内容。 　　②采访园长妈妈"节日里幼儿园有哪些活动"。 　　③采访其他班的小伙伴最近在玩什么游戏。

2. 外出采访。

①采访幼儿园里的老师。 　　②采访园长妈妈。 　　③采访其他班的小伙伴。

【我们的收获】

作为一名小记者,我们学会了制订采访计划,勇敢地走出班级,到幼儿园的各个地方,采访老师、园长妈妈、厨房阿姨,还有其他班级的小伙伴们。我们还及时记录下采访内容,为"城市节目播报"的"新闻广角"栏目增添了许多丰富有趣的播报内容。

游戏三:金话筒大赛

【关键经验】

1. 通过讨论,制订评选最佳播报员的标准。

2. 尝试扮演小评委,以投票方式评选出"顶呱呱播报员",体验游戏的快乐。

【游戏准备】

自制投票箱、话筒等。

【游戏过程】

1. 讨论、制订评选标准。

① 播报员首先要认真记录。　② 播报的方式要有创意。　③ 播报时间要控制在限定范围内。

2. 以投票方式评选出"顶呱呱播报员"。

① 选出你认为最佳的人选。　② 说明你选择的理由。　③ 投上宝贵的一票。

【我们的收获】

我们共同为大赛制订出了评选标准。在评选过程中，我们的互评能力在悄悄地提高，也学习到优秀的播报员是如何播报的，这是我们最大的收获。

游戏四：给动画片配音

【关键经验】

1. 了解给动画片配音的方法，尝试用不同的声音、语气、语调为自己喜欢的动画片角色配音。

2. 探索根据动画片情节、人物特点进行同步配音。

【游戏准备】

电脑等。

【游戏过程】

1. 配音前，讨论一下给动画片配音的注意事项。

①观看屏幕。 　　②轮流配音。 　　③控制音量。

2. 选定一部动画片，各自选择自己最喜欢的角色开始配音。

①讨论分配角色。 　　②学习配音对口型。 　　③轮流为角色配音。

3. 讨论同步配音小妙招。

①跟准播放进度配音。　　②听清同伴的角色对话。　　③多听听角色的对话节奏。

【我们的收获】

在"给动画片配音"游戏中，我们能惟妙惟肖地模仿角色的声音，还学会了音画同步配音，这对我们来说是一次快乐的挑战。老师称赞我们个个都是配音高手。更重要的是，我们的合作能力、语言表达能力得到了大大的提升。

六、游戏拓展

我们还想这样玩

游戏拓展	玩法拓展
直播间	1.开设直播栏目，开展直播游戏。
	2.开展童话剧直播游戏。

拓展游戏：直播间

【关键经验】

1.迁移生活中的直播经验，开设直播间栏目，用直播方式为播报游戏带来新的活动体验。

2.尝试运用清晰、完整的语言有条理地进行各种直播。

【游戏准备】

实验器材、卡通服饰、话筒等。

【游戏过程】

1. "科学小实验"活动现场直播。

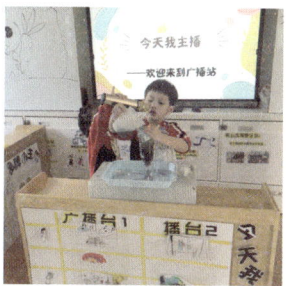

直播"科学小实验"活动时,我们结合现场演示实验进行详细播报。

2. 童话剧直播。

我们自制道具,自编自排节目。瞧,童话剧《西游记》开始直播啦!

【我们的收获】

"科学小实验"直播、"童话剧"直播,既让我们体验到了快乐,又收获了满满的成功体验。

七、教师指导

在整个"城市快播"游戏中,教师始终扮演着忠实的听众和观众,最大限度地满足孩子们自主游戏的需求,允许并鼓励每一位孩子争当小小播报员,鼓励他们创新播报形式,形成与众不同的播报风格。教师还是一个隐性推动者,基于对幼儿游戏的观察与解读,借助环境支持、材料支持、问题启发、同伴资源、信息媒介等支持性策略,为幼儿搭建隐性学习支架,助推幼儿播报游戏纵向深度拓展,不断创新、生发出"童话剧"直播等贴近幼儿生活的新的播报游戏,帮助幼儿获得了丰富多元的跨领域经验。

13. 足球联赛

适用对象：大班

一、情景生成

在"世界杯"足球赛期间，小朋友们经常谈论各个球星和足球赛事，在班级掀起了一场"足球赛"热潮。他们有浓厚的兴趣和丰富的生活经验，于是产生了举办一场属于自己的"二幼杯足球联赛"的想法。"足球联赛"游戏项目就此诞生了。

二、调查访问

办一场足球联赛需要什么？

幼1：有很多的足球队参加比赛，每个球队有各自的队名、队标、球服。

幼2：足球联赛有开幕式、闭幕式，开幕式上每个球队入场有表演节目，闭幕式上也有表演节目。

幼3：观看足球比赛需要门票，要根据门票上的座位来坐。

幼4：每一届足球联赛都有专属奖牌、奖杯、吉祥物。

幼5：要有赛程安排表，比赛的时候有讲解员在解说。

三、游戏策划

我们想这样玩

①举行一场足球联赛的开幕式。　②要为足球联赛做各种宣传。

③还要有电视台对比赛情况进行播报。　④要安排座位,销售球赛门票。

四、游戏导航

情景游戏	玩法预设
设计制作球赛用品	1.设计制作队标、宣传海报等。
	2.设计制作足球纪念品、球服等。
	3.设计制作奖杯、奖牌、人形立牌等。
开幕式表演	1.制订表演节目单。
	2.自主编排入场秀。
	3.用锅碗瓢盆等生活用品做乐器。

情景游戏	玩法预设
设计观众席门票	1. 设计安排座位。
	2. 制订票价。
	3. 设计门票。
足球电视台	1. 制订赛况播报栏目及播报内容。
	2. 制订采访计划，开展现场采访活动。

五、游戏实录

游戏一：设计制作球赛用品

【关键经验】

1. 尝试为各个足球队设计制作队标、足球联赛宣传海报等。

2. 巧妙运用低结构材料组合、改装、装饰，制作奖杯、奖牌、人形立牌、足球纪念品等。

3. 大胆运用画、染、印等多种方法为各个足球队设计不同功能的球服。

【游戏准备】

纸皮、纸筒、纸盘、废旧T恤、帽子、靴子、塑料杯、饮料瓶、超轻彩泥、冰棒棍、羽毛、气球、瓶盖、记号笔、颜料、油画棒、剪刀、透明胶、固体胶等。

【游戏过程】

1. 设计、制作队标。

①绘制设计不同的队标。　　②投票选出队标。　　③队标举牌做好啦！

2. 设计、制作宣传海报。

①设计个人宣传海报。

②绘制足球联赛海报。

③设计横幅。

3. 设计、制作足球纪念品。

①足球相框。 　　②足球模型。 　　③足球水瓶。

④ 球迷的帽子。

4. 设计、制作球服。

①裁剪修改球服。 　　②涂鸦球服。

5. 设计制作奖杯和奖牌。

①用塑料杯、亮光纸、皮球等做出"金球奖"奖杯。　②用纸杯、线轴、靴子等做出"银靴奖"奖杯。

③用橡胶手套、饮料瓶等制作出"金手套"奖杯。

④用雨鞋、饮料瓶、纸筒等做出"金靴奖"奖杯。

⑤用彩泥做出的球赛奖牌。

6. 设计球星人形立牌。

①合作绘画不同动态的人物造型。　　②进行绘画、设计。

③脸部画成喜欢的球星。　　④按轮廓剪下。

⑤将绘制好的球星图片固定在架子上，人形立牌做好了。

大班 165

【我们的收获】

在"设计制作球赛用品"游戏中,我们用不同创作手法,绘制了个人的和集体的宣传海报,设计了不同元素的队标,设计了队服。我们运用了剪贴、捆扎、组合等方法对低结构材料进行加工,制作出许多精美的足球纪念品,设计出不同奖项的奖杯,创作出不同造型的球星人形立牌用于球迷们合影。

游戏二:开幕式表演

【关键经验】

1. 自主成立开幕式节目策划组,讨论制订表演节目单。
2. 编排入场秀节目。
3. 探索利用锅碗瓢盆等生活用品做乐器。

【游戏准备】

纸张、记录笔、脸彩棒、手电筒、表演服装、道具、锅碗瓢盆等。

【游戏过程】

1. 成立开幕式节目策划组,制订节目单。

2. 编排入场秀。

①一起讨论设计入场秀表演。

②第一组运动员手拿手电筒，从入口跑步入场。

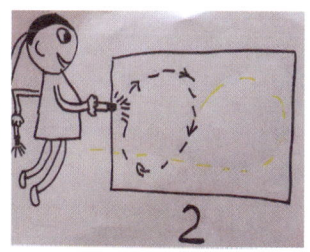

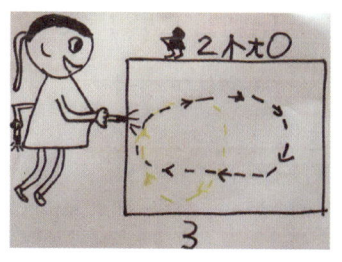

③第二组运动员入场绕圆圈。

④两组运动员围成两个圆圈。

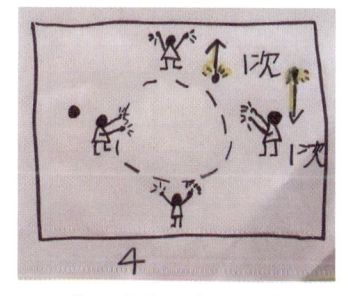

⑤运动员围成圆圈站住，做举手、放下的动作各一次。

⑥重新排成两排，双手交替举高，各四次，重复两遍。

⑦每个人做不同的造型，表演结束。

3. 乐队演奏。

①从生活用品中选择合适的器具用于演奏。

②加入街舞表演，更加精彩！

4. 舞蹈表演。

①做的动作不一样怎么办？

②商量编排统一的动作。

③设计不同的队形变化。

大班 167

【我们的收获】

在"开幕式表演"筹划的游戏中,我们可以选择自己喜欢的节目、喜欢的方式进行表演,非常开心!通过协商,我们还制订出了我们想要的节目单。我们真的是多才多艺啊!

游戏三:设计观众席门票

【关键经验】

1. 探索根据幼儿园足球场地的实际情况,较合理地分区,安排座椅并粘贴座位号牌。

2. 了解门票上包含的信息,尝试设计足球联赛门票,根据座位的远近合理制订票价。

3. 统计每天卖出的门票,记录售出的座位。

【游戏准备】

椅子、记录表、笔等。

【游戏过程】

1. 现场排座椅,划分座位区,统计座位总数。

①摆放观众席座椅。　②划分不同的座位区。　③统计各区椅子数量。

2. 根据座位区尝试定价。

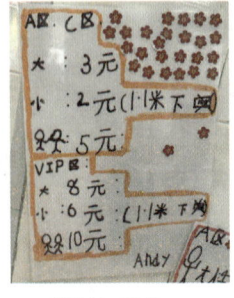

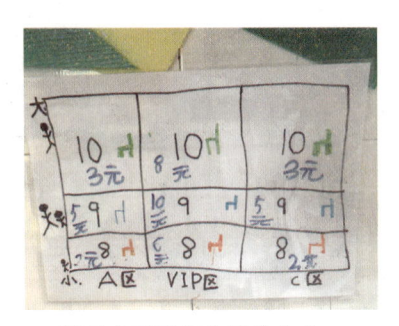

①制订票价。　②列出不同座位区价位表。

168　幼儿园情景式区域游戏——从课程游戏化到游戏课程化

3. 根据观众席座位图设计门票。

①各式各样的门票。 　　　　　　　　　　　　②已售座位记录表。

【我们的收获】

在"设计观众席门票"的游戏里，我们知道了门票需要涵盖时间、地点、座位号等信息，根据这些我们设计了足球联赛的门票。我们学会了根据空间场地大小、观赛方向，合理设置观众席区域，并分工合作绘制了观众席座位图；还学会了运用序数经验预售球赛门票并进行记录。

游戏四：足球电视台

【关键经验】

1. 运用简单的符号、图示等表征方式，绘制播报稿，能有条理地播报。
2. 大胆进行现场采访。

【游戏准备】

电视台场景、话筒、音响、小记者服装、记录板、笔等。

【游戏过程】

1. 播报。

①设计播报稿。 　　　　②开播前试播。 　　　　③进行播报。

大班　169

2. 现场采访。

①做好采访准备。 　　　　　　②制订采访计划。

③采访报道。

【我们的收获】

在"足球电视台"游戏中，我们用符号、图示设计播报稿，还在"足球电视台"进行播报。我们还学会当小记者外出采访，并进行采访报道。我们越来越能干了！

六、游戏拓展

我们还想这样玩

游戏拓展	玩法拓展
研发足球游戏玩具	1. 设计射门机等足球游戏玩具。
	2. 自创足球游戏棋。

拓展游戏：研发足球游戏玩具

【关键经验】

1. 尝试利用各种材料组合、设计射门机等足球游戏玩具。
2. 尝试融合足球文化和球赛规则自创足球游戏棋。

【游戏准备】

篮子、呼啦圈、纸箱、胶带、脸盆、夹子、剪刀等。

【游戏过程】

1. 研发斜坡射门机。

①用篮子和纸板制作初级版射门机。

②用呼啦圈在斜坡前设置障碍。

③设置双球门，增加射门难度。

④进一步提升斜坡的倾斜度，增加射门难度。

⑤制作完成的斜坡射门机投放到户外游戏场地。

2. 足球游戏棋。

①我们寻找不同材料制作棋盘。　　②融入足球球赛规则设计各种游戏。

【我们的收获】

在"研发足球游戏玩具"中，我们成了小小的发明家。我们巧妙地利用各种材料进行组装和创新，设计出斜坡射门机，还一起自创足球游戏棋，将足球球赛规则融入游戏玩法中，让足球游戏玩具更有挑战性、更有趣！

七、教师指导

教师追随孩子们的兴趣与需要及时生成"足球联赛"的情景游戏，引导幼儿开展访问调查，引发关于"足球联赛"的丰富经验；与幼儿分享交流、讨论梳理，共同制订举办"足球联赛"的筹备方案；与幼儿共同创设"足球联赛"的游戏情景，并将课程巧妙地融入游戏当中，让幼儿在玩中学，学中玩，建构了丰富多元的跨领域经验。在游戏进程中，教师针对幼儿在筹备开幕式中不断出现的新问题、新需要，适时适度地为幼儿提供适宜的指导，有智慧地引导和推动幼儿游戏的发展，生发出一系列高质量、有价值的游戏，实现游戏与课程的互生互长。